Paris

1764

Blondeau de Charnage, Claude - François

Dictionnaire de titres originaux pour les fiefs, l'histoire, la généalogie

Tome 1

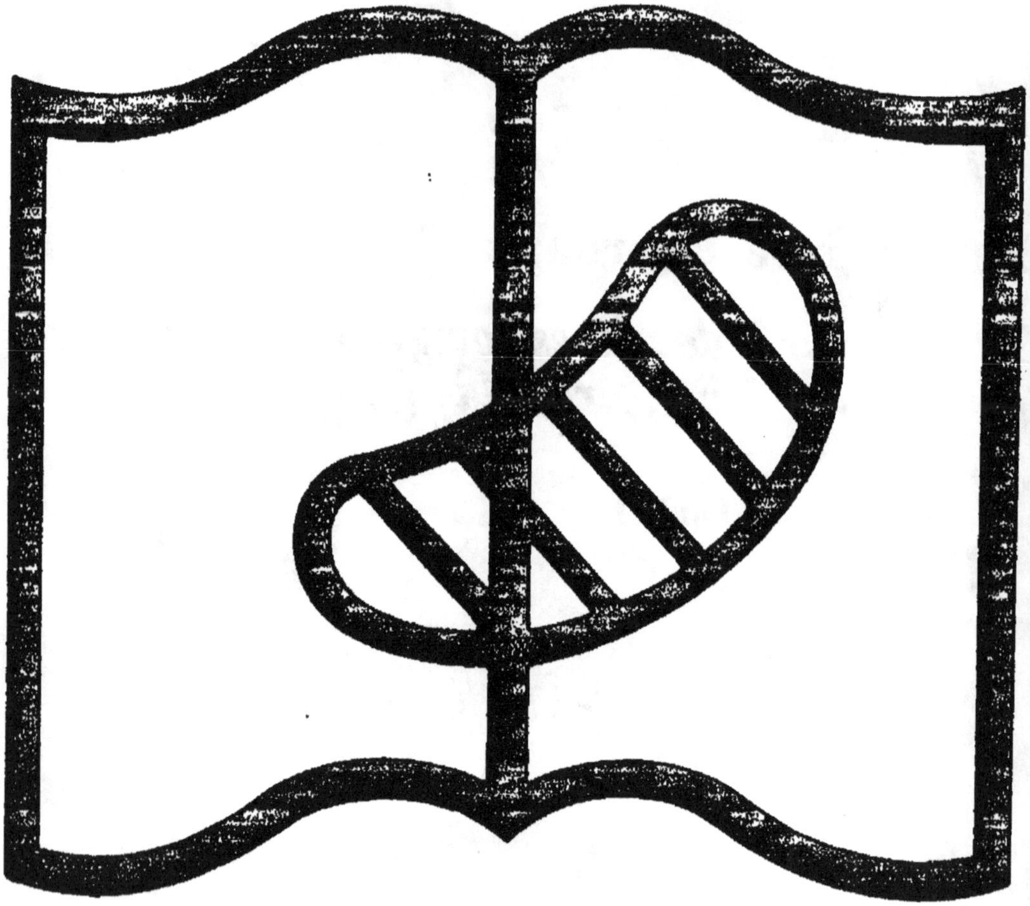

Symbole applicable
pour tout, ou partie
des documents microfilmés

Original illisible

NF Z 43-120-10

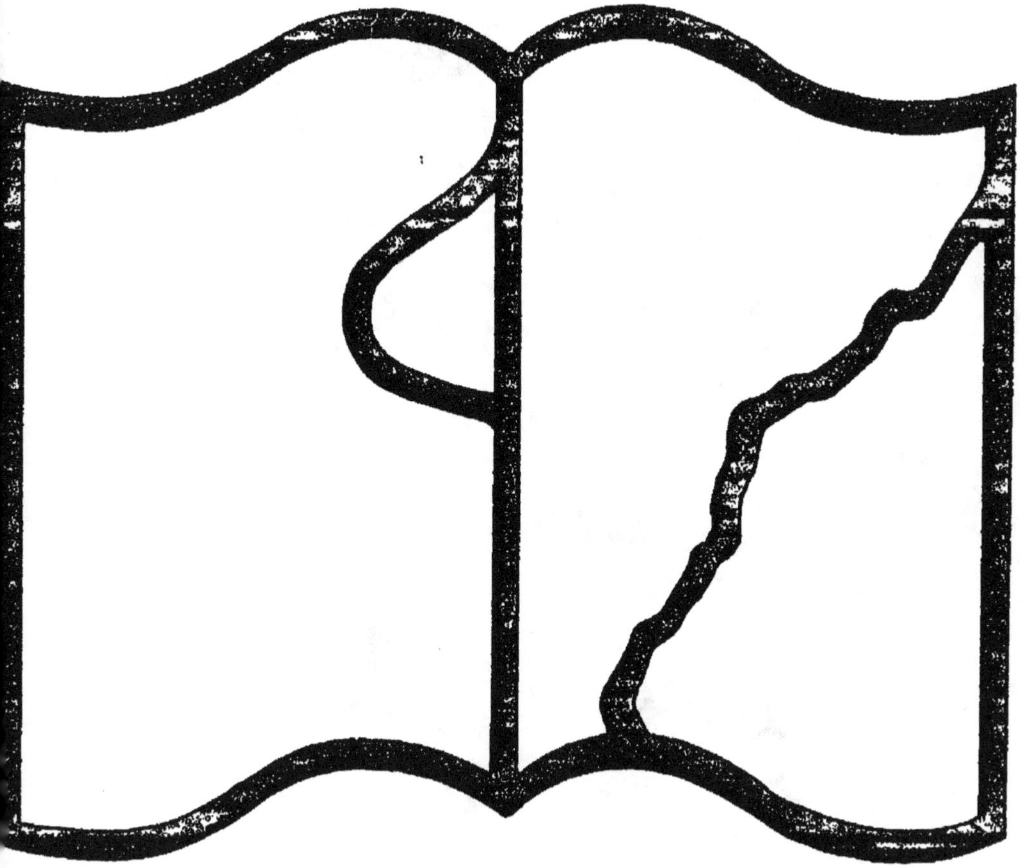

Symbole applicable
pour tout, ou partie
des documents microfilmés

Texte détérioré — reliure défectueuse

NF Z 43-120-11

histoire

histoire heraldique
&
Genealogique

Lf9+1 pz 605

DICTIONNAIRE
DE
TITRES ORIGINAUX.

Tome Ier

DICTIONNAIRE
DE
TITRES ORIGINAUX

Pour les Fiefs, le Domaine du Roi, l'Histoire, la Généalogie, & généralement tous les objets qui concernent le Gouvernement de l'Etat;

OU

Inventaire général du Cabinet du Chevalier Blondeau de Charnage, ci-devant Lieutenant d'Infanterie, demeurant à Paris Fauxbourg S. Germain, rue Guénégaud, la porte cochere à côté de l'Hôtel d'Artois.

A PARIS,

De l'Imprimerie de MICHEL LAMBERT, rue & à côté de la Comédie Françoise.

M DCC. LXIV.

Avec Privilège & Permission du Roi.

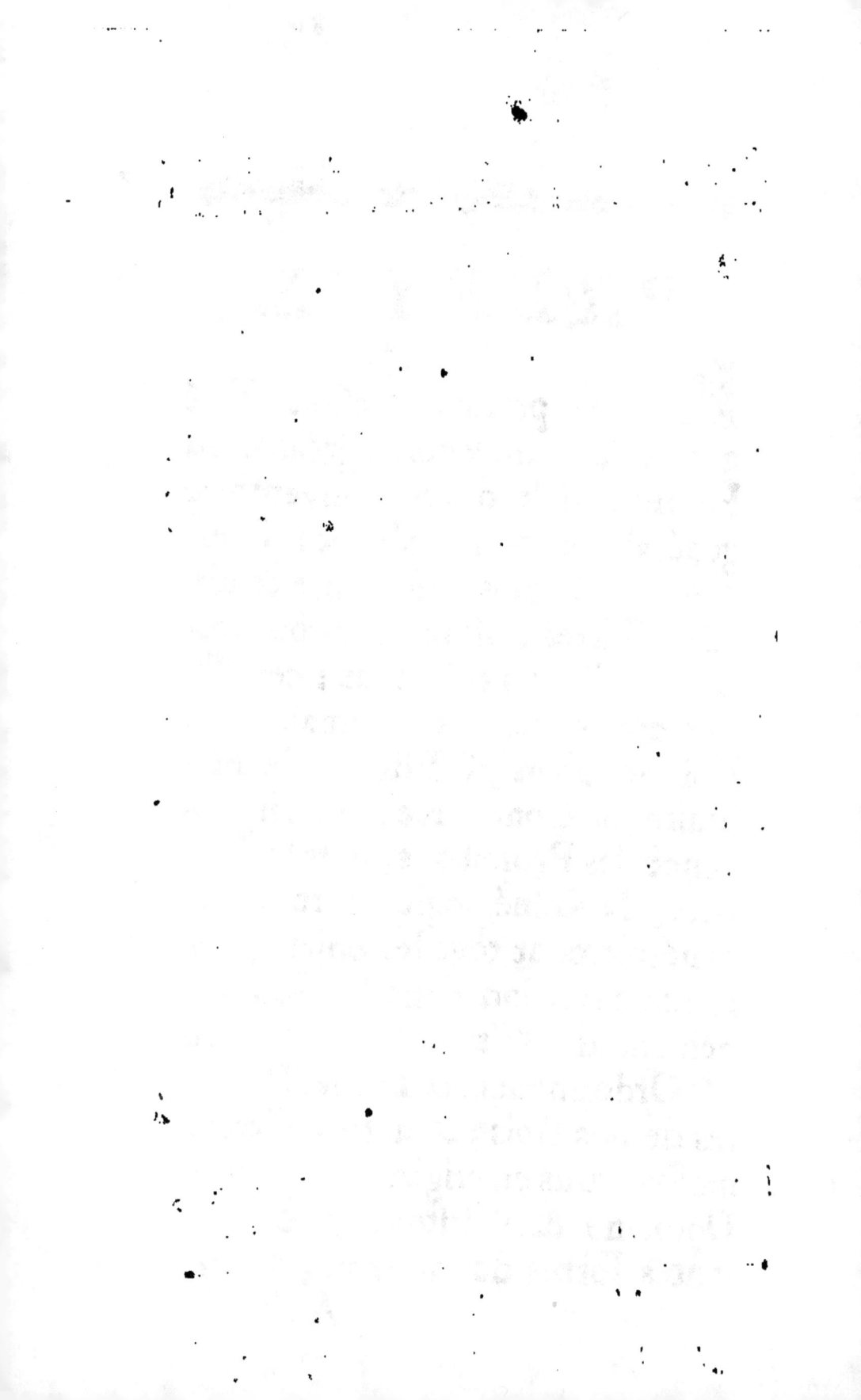

PRÉFACE.

PLusieurs personnes m'ont assuré que ce sera une chose agréable au Public, si je donne l'inventaire général de mon Cabinet; il est composé de plus de soixante & dix mille Titres, dont environ soixante mille en originaux: ces Titres concernent le Domaine du Roi, les Fiefs, l'Histoire, le Militaire, le Commerce, la Jurisprudence, les Professions, Arts & Métiers, la Généalogie sur tout, & généralement tous les objets pour la manutention dans le Gouvernement de l'Etat: l'on y trouve dés Ordonnances & Lettres Patentes de nos Rois, & autres Titres, presque tous en originaux, pour le Domaine & l'Histoire, & pour toutes sortes de matieres, depuis

& compris l'an 875, jusques & compris le regne de Louis le Grand; un Recueil d'Arrêts des Conseils d'Etat & Privé, tant en originaux que par copies anciennes collationnées en forme probante sur toutes sortes de matieres : l'on y trouve sous les regnes de Charles VII. & de Louis XI. des Traités de paix, des Lettres & des Instructions de ces Princes à leurs Ambassadeurs & Envoyés en diverses Cours; des Lettres d'Ambassadeurs à ces deux Monarques; des Lettres de Souverains à Souverains; des Bulles & Rescrits de la Cour de Rome; des Instructions d'Ambassadeurs à la Cour de France : cette collection renferme des actes de donations en originaux, faits dans les 12, 13, 14 & 15 siécles, à des Evêchés, Abbayes, Prieurés, & Communautés Religieuses : *elle contient en Titres originaux, ou en Titres par copies anciennes collationnées en forme probante, ce qui peut faire connoître le Domaine du Roi dans toutes les Provinces du Royaume : il y a à ce sujet des états en originaux du Domaine, arrêtés au Conseil Royal des Finances ; il y a des dénombremens, des hommages, des reconnoissances, des engagemens de terres reversibles à la Couronne, des actes de mouvances & de censives, & en général tout ce que l'on peut desirer de plus intéressant sur cet objet précieux ; le Cabinet du fameux M. Foucauld y est fondu.*

L'on trouve dans cette Collection des Titres concernant les Offices de Judicature & autres Offices, les Arts, Métiers, Professions, Manufactures, les cuirs, les fers, les Greniers-à-sel, les impositions, les poudres & salpêtres, les canons de fer, les Foires & Marchés, les Courtiers-Jaugeurs, les Courtiers, les cartes, &c. Toutes ces piéces concernent encore le Domaine.

Quant à l'objet Généalogique, l'Auteur a rassemblé des titres en tous genres, Contrats de Mariages, Testamens, Partages, Actes de Tutelles & de Curatelles, Provisions de Charges & Offices, Lettres d'Annoblissement, Arrêts & Sentences de maintenus de Noblesse, Arrêts & Jugements contre les Usurpateurs de Noblesse, Arrêts de Cours Souveraines, Sentences de Présidiaux, de Bailliages, de Prévôtés & d'autres Cours, Actes de baptêmes, de mariages, d'enterremens, Actes d'interdictions, Contrats d'acquisitions & d'aliénations, minutes de Notaires, Registres de baptêmes, de mariages & d'enterremens, Rôles de revues militaires, Lettres de nos Rois, Commissions & Brevets militaires, Brevets de pensions, Ordonnances des Généraux des Finances, des Trésoriers Généraux sur le fait des Aides, des Trésoriers de nos Rois, &c.

L'Auteur a réuni des Cartulaires, des Fondations de Monasteres & de Chapelles, des donations faites à des Evêchés, Abbayes, Prieurés, Hôpitaux, Ordres de Chevaleries, &c.

Il y a dans cette Collection des Titres très-précieux en originaux, & par copies en forme probante, concernant les plus grandes Terres du Royaume, Principautés, Duchés, Châtellenies, Baronnies, Comtés, Vicomtés, Marquisats, Seigneuries, Fiefs, Archevêchés, Abbayes, Evéchés, Prieurés, Chapitres, Cures: l'on y trouve des Terriers, des Censiers, des dénombremens, hommages, reconnoissances, Déclarations, Baux emphitéotiques, Saisies féodales,

Contrats d'acquisitions & échanges d'héritages étant en la censive des Seigneuries, avec les énonciations des cens & autres droits Seigneuriaux, & avec les actes d'ensaisinement : ces sortes de contrats ont leur utilité, & souvent ils sont très-importans pour la censive des Seigneuries.

L'Auteur ne se fera point de peine de dire que l'on trouve dans sa Collection, environ quinze mille quittances en originaux sur toutes sortes de matieres, depuis l'an 1300 à 1680; ces titres, quoique peu utiles en apparence, fournissent souvent les preuves de filiations suivies pendant un ou deux siécles, & par cet endroit, ils sont précieux.

Cette Collection renferme enfin un Recueil d'Arrêts du Parlement de Paris, un autre Recueil de titres originaux de la belle Antiquité, sur toutes sortes de matieres concernant la Province de Languedoc, un Recueil de titres originaux depuis l'an 1395 á 1473, concernant l'Angleterre, un autre Recueil concernant les deux Bourgognes; un très-grand nombre de Généalogies manuscrites, & des renseignemens sans nombre pour la Généalogie.

Ce Cabinet est distribué en 26 parties: nous commençons par les Fiefs; l'on donnera ensuite l'inventaire des titres féodaux concernant les Archevêchés, Evêchés, Abbayes, Prieurés, Chapitres, Cures, Communautés Religieuses, &c. L'on passe après à l'inventaire des titres concernant le Domaine, & cette partie sera distribuée en deux chapitres, le Domaine en général, & le Domaine province par province: l'on continuera l'inventaire des autres parties de ce Cabinet, selon que les objets se présenteront : tous les titres sont rangés par ordre alphabétique des noms des Seigneuries pour les Fiefs, & des noms des Familles pour les titres généalogiques.

DICTIONNAIRE
DE
TITRES ORIGINAUX.

POUR LES FIEFS.

AB AL

ABLEIGES. Dénombrement en original de l'an 1629, rendu à la Seigneurie d'Ableiges.

ABLY. Hommage en original de l'an 1548, rendu à la Seigneurie d'Ably.

ALENÇON. Un titre de l'an [illegible], par copie collationnée en la même année, concernant l'Hôpital ou Maison-Dieu, d'Alençon en Normandie.

ALIQUIERVILLE. Déclaration originale de l'an 1502, faite à la Seigneurie d'Aliquierville, pour raison de trois acres trois verges en trois piéces de terre, situés en la paroisse d'Aliquierville, & dont les confins sont spécifiés, étant en la Censive de ladite Seigneurie.

ALLUYE. (d') Un bail emphitéotique en original de l'an 1504, d'héritages dépendans de la Seigneurie de Villoiseau, & chargés envers la Seigneurie d'Alluye de la rente annuelle & perpétuelle de six livres.

AMECOURT Acquisition en original faite l'an 1595, d'héritages spécifiés étant en la censive d'Amecourt,

ANCERVILLE. Etat sommaire sans signature de la totalité du revenu de la Baronnie d'Ancerville en Champagne, étant du Domaine du Roi, & où l'on voit la consistance de cette Terre, les Fiefs & Seigneuries qui en relévent, ses censives & autres droits Seigneuriaux; cet état en date du premier Janvier 1660.

Voiez au Domaine un grand nombre de titres de cette Baronnie.

ANDRESELLE. Aveu & dénombrement en original de l'an 1561, rendu à la Seigneurie d'Andreselle pour raison de la Seigneurie de Montgimont qui en releve.

ANNET. Huit titres originaux des années 1404, 1502, 1556, 1588 à 1637, concernant la censive & les droits de la Seigneurie d'Annet sur Marne.

ANNET. Douze titres dont huit en originaux, & quatre par copies anciennes collationnées en forme probante des années 1518, 1629, 1631, 1637 & 1638, concernant la Seigneurie & les Habitans d'Annet-ſur-Marne.

ANNET. Deux titres originaux de l'an 1691, concernant certains droits ſpécifiés en faveur des Cordeliers d'Annet en Normandie.

ASNIERE. Voyez à Luſſac le dénombrement en original de l'an 1496, de la Seigneurie d'Aſnieres.

ANTHENAISE. Contrat de l'an 1647, par copie ancienne collationnée en forme probante, contenant l'acquiſition de la Seigneurie d'Anthenaiſe, ainſi que d's Fiefs dépendants de cette Seigneurie, & où l'on en voit la conſiſtance.

ARCHAMBAUT. Tranſaction en original de l'an 1594, par laquelle le Fief ou Cens d'Archambaut en Champagne eſt ſéparé de la Seigneurie de Villers, avec attribution de droits ſpécifiés en faveur du Fief d'Archambaut.

ARCHIAC. Hommage en original de l'an 1607, rendu à la Seigneurie d'Archiac, pour raiſon de la Seigneurie du Moinges.

ARÇY. Acquiſition en original faite l'an 1598, d'héritages ſpécifiés étant en la cenſive de la Seigneurie d'Arcy, ſitués près Clermont en Beauvoiſis.

ARCY. Commiſſion en original de l'an 1633, portant ordre de faire payer le droit de péage par terre, ſur le pont de la Seigneurie d'Arcy-sur-Aube.

ARCY, ou ARCIES. Bail en original de l'an 1603, des grands & petits prels, appellés *les prels Monsieur la Riviere-Bannal d'Arcies*, & étant de la dépendance de la Baronnie d'*Arcy*, ou d'Arcies-sur-Aube.

ARCIS. Deux extraits en forme probante de dénombremens des années 1551 & 1619 de la Châtellenie, Justice & Seigneurie d'Arcys ou Arcy située au Bailliage de Troye, rendus au Marquisat d'Isles, & où l'on voit que le Seigneur d'Arcis a le droit de l'*étapage* du vin & autres boissons qui se vendent au lieu d'Arcis.

ARCUY. Sept titres dont six originaux, & l'autre par copie ancienne sans signature, sçavoir le Censier en original fait l'an 1619 de la Seigneurie d'Arcuy; deux baux de l'an 1656, où l'on voit la consistance de cette Seigneurie; trois autres titres de l'an 1656, où l'on voit encore la consistance de cette Seigneurie, & un titre de la même année pour la censive de cette Seigneurie.

ARGENTON. Acquisition de l'an 1583, par copie ancienne même sans signature, d'une maison étant en la censive de la Baronnie d'Argenton.

ARTONGE. Bail original fait l'an 1671, de la Seigneurie d'Artonge, où l'on voit sa consistance.

ARZILLIERS. (Fief d'Arzilliers, ou

de Voisins, situé en la Châtellenie de Claye,) l'on dit Claye, l'on a toujours écrit Cloye; dix titres originaux, sçavoir le dénombrement de l'an 1547, rendu pour raison du Fief d'Arzilliers, & où l'on voit toute sa consistance; le Décret de ce même Fief fait l'an 1574, où l'on voit encore sa consistance, & au pied de cet acte il y a un hommage. Les autres titres des années 1496, 1518, 1560, 1570, 1572, 1610 & 1637, sont des reconnoissances, baux emphitéotiques, acquisitions & autres titres concernant la Censive & autres droits du Fief d'Arzilliers.

Voiez à *Voisins* le Terrier original de ce Fief, & plusieurs autres titres très-intéressants.

ATTICHY. Contrat original de l'an 1637, contenant acquisition d'héritages spécifiés & étant en la Censive de la Seigneurie d'Attichy, sous les cens spécifiés.

ATHIS. (Seigneurie d'Athis-sur-Orge, près Paris;) trente-neuf titres originaux depuis l'an 1368 à 1648, concernant la Seigneurie d'Athis; l'on en donne les extraits sommaires par matieres, sans ordre de dates; un Bail en date du 11 Novembre 1517, de l'Hôtel Seigneurial d'Athis, & de toutes les terres de la dépendance de cette Seigneurie, avec le local, la contenance, & les confins à chaque héritage; ce titre donne à connoître toute la consistance de cette Terre, & il en est comme le Terrier : autre Bail du 18 Juin 1508, semblable au précedent : Contrat original de l'an 1368, contenant acquisition de plusieurs héritages & maisons, spécifiés avec leurs confins, le tout étant en la Censive de la Seigneurie d'Athis, sous les cens spécifiés : Bail emphitéotique en original fait en l'année 1371, par le Seigneur d'Athis, de plusieurs héritages spécifiés étant en la Censive de cette Seigneurie : six reconnoissances des années 1406, 1461, 1510, 1520, 1550 & 1627, faites à la Seigneurie d'Athis : deux aveux & dénombrement, & trois hommages des années 1522, 1535 & 1553 rendus à la Seigneurie d'Athis, pour raison du Fief des Carneaux qui en releve : quatre hommages des années 1571, 1573, 1609 & 1648, rendus à la même Seigneurie, pour raison du Fief de *Pied-de-fer*, dit de Jean-du-Puy ; la Seigneurie d'Athis est qualifiée Châtellenie dans l'hommage de l'an 1648 : douze reconnoissances rendues à la Seigneurie d'Athis depuis l'an 1502 à 1655, pour raison d'un très-grand nombre d'héritages & maisons, spécifiés étant en la Censive de cette Seigneurie, sous les cens aussi spécifiés dans les actes : huit Baux emphitéotiques des années 1454, 1477, 1507, 1511, 1512, 1513 & 1602, faits par les Seigneurs d'Athis, pour raifon de maifons, cours, jardins, héritages en vignes & en terre, le tout fpécifié avec les confins, le local, la contenance, &c. fous les cens payables à la Seigneurie d'Athis, auffi fpécifiés : les titres font diftribués par cahiers, avec les extraits à chaque titre.

AUDEUX. Contrat original de l'an 1653, contenant acquifition d'héritages fpécifiés étant en la Cenfive de la Seigneurie d'Audeux, en Franche-Comté.

AUBMARETZ. Un titre original de l'an 1498, pour la Cenfive de la Seigneurie d'Aubmaretz, fituée en Beauvoifis ou en Picardie.

AUX-MOINES. Reconnoiffance originale de l'an 1608, faite au Fief de Aux-Moines.

AUNAY. Six titres originaux, fçavoir un contrat de l'an 1476, contenant acquifition d'héritages fpécifiés, & étant en la Cenfive de la Seigneurie d'Aunay en Beauce; quatre Baux emphitéotiques de l'an 1515 à 1536, faits par les Seigneurs d'Aunay, d'héritages fpécifiés, fous les cens auffi fpécifiés payables à la Seigneurie d'Aunay : Sentence arbitrale de l'an 1617, portant que les Seigneurs Barons d'Imonville & Doinville auroient alternativement les droits honorifiques en l'Eglife d'Aunay, avec le Seigneur de Chaflette, attendu que cette Eglife eft fituée dans la haute justice du Roi ; le droit de sépulture y est aussi réglé.

AULNAIS-CARADEUX. Acquisition en original de l'an 1610, d'héritages spécifiés & étant en la censive de la Seigneurie des Aulnais-Caradeux en Bretagne.

AUTEVILLE. Contrat original de l'an 1481, contenant acquisition d'une maison spécifiée étant en la censive de la Seigneurie de Auteville.

AUTERIVE. Aveu original de l'an 1696, rendu à la Chartreuse de Bourbon-les-Gaillon, à cause de la Seigneurie de Auterive, appartenante à cette Chartreuse.

AVELUY. Deux titres originaux, Lettres Patentes de l'an 1599, & un titre en 1559 pour la censive de la Seigneurie de Aveluy.

AUVILLER. Quatre titres originaux des années 1533, 1556 & 1563, contenant acquisitions d'héritages spécifiés étant en la censive de la Seigneurie de Auviller, sous les cens spécifiés.

AVOISE. Bail à rente en original de l'an 1640, d'héritages spécifiés étant en la censive de la Châtellenie d'Avoise, & de la Châtellenie de Champagne.

AUXERRE. (Ville d'Auxerre en Bourgogne :) vingt titres, dont neuf en originaux, huit par copies anciennes collationnées en forme probante, & trois mémoires, sçavoir : Lettres-Patentes par copie en forme probante, données ès années 1362 & 1412, par les Rois Jean & Charles VI, portant confirmation en faveur des habitans de la ville d'Auxerre, du droit de la garde des clefs de ladite ville : quatre autres Lettres Patentes en forme probante des Rois Louis XII, Charles IX & Henri IV, des années 1476, 1561 & 1604, portant confirmation des mêmes privileges; six titres originaux des années 1623, 24, 56 & 68, & trois mémoires manuscrits relatifs au même objet; quatre titres en forme probante des années 1620, 1631 & 1651, aussi relatifs au même objet; & deux titres originaux des années 1506 & 1692, concernant la ville d'Auxerre.

B.

BABINIERE. (la) Une reconnoissance en original de l'an 1543, rendue à la Seigneurie de la Babiniere, &c.

BAYENCOURT. Deux déclarations, sans date ni signature, de la consistance de la Seigneurie de Bayencourt.

BAIGNAUX. Un inventaire de titres concernant la Seigneurie de Baignaux, & deux titres originaux de l'an 1610, pour la censive de cette Seigneurie.

BAILLET. Acquisition en original de l'an 1526, d'héritages spécifiés & étant en la censive du Fief de Baillet, situé à Andilly, sous les cens spécifiés.

BAILLET. Neuf hommages & dénombremens par copies anciennes collationnées en forme probante, rendus ès années 1376, 1471, 1474, 1489, 1504 & 1514, à la Seigneurie de Baillet en France, pour raison de la Châtellenie de Claye, (Cloye dans les anciens titres, & dans les modernes l'on prononce Claye,) située au Diocése de Meaux.

BAILLET ou BAILLEUL. Un titre de l'an 1604, par copie collationnée en forme probante concernant la Seigneurie de Bailleul ou de Baillet, & dont le nom s'est écrit *Bailleul* & *Baillet*.

BAILLEUL. Un titre original sans date devers l'an 1650, concernant la Seigneurie de Bailleul.

BAILLEUL. Acte en original de l'an 1592, portant l'offre de droits & devoirs dûs à la Seigneurie de Bailleul en Picardie, pour raison d'un Fief situé au village de Vadicourt, relevant de cette Seigneurie.

BAILLY. Hommage de l'an 1670, par expédition en forme probante, rendu à la Seigneurie de Ville-neuve-le-Cornu, pour raison du Fief de Bailly qui en reléve.

BAIN. Hommage en original de l'an 1496, rendu à la Châtellenie de Bayn, en la personne de très-haute, puissante & *très-redoubtée* Dame Françoise de Dinan, Comtesse de Laval, Dame de Vitré, de Gaure, de Monfort, de Bécherel, de Châteaubrient, & de Bain, à cause de sa Châtellenie du Bain, par noble Olivier d'Audibon, Seigneur d'Aresne, pour raison de plusieurs rentes à lui dûes sur plusieurs tenemens ou héritages, la Foletiere située en la paroisse de la ville de Bain, ainsi que pour les rentes & devoirs qui lui étoient dûs par plusieurs Particuliers, nommés dans les titres, Tenanciers desdits héritages, ses vassaux, le tout relevant de ladite Châtellenie.

BAINVILLE. Hommage en original de l'an 1634, rendu à la Seigneurie de Bainville située à Domarville, pour raison de divers droits Seigneuriaux relevans de cette Seigneurie.

BALAN. Quatre titres originaux des années 1277 & 1366, concernant la Seigneurie de Balan en Touraine.

BALLI-GAGNAGES. Saisie faite l'an 1628, de la Seigneurie de Balli-Gagnages, échangée pour celle de Vieuville : *copie ancienne sans signature.*

BANCIGNY. Trois titres, sçavoir deux Baux, l'un par copie en forme probante, & l'autre sans signature, des années 1587 & 1677, du Comté de Bancigny, où l'on voit sa consistance, & un titre original de l'an 1679 pour cette terre.

BARRE-SANGLIERE. (la) Aveu & dénombrement en original de l'an 1479, rendus à la Seigneurie de la Barre-Sangliere en Poitou.

BARBEDURE. Acquisition en original faite l'an 1475, d'héritages spécifiés étant en la censive du Fief de Bàrbedure en Touraine.

BARDE. (la) Un titre de l'an 1464, par *Vidimé*, original de l'an 1611, concernant la censive de la Baronnie de la Barde en Périgord.

BARDE. (la) Transaction originale de l'an 1613, entre le Seigneur de la Barde, au pays de la Marche d'une part, & deux particuliers, acquéreurs de plusieurs domaines étant en la féodalité de la Seigneurie de la Barde, qui posséderoient ces domaines spécifiés en l'acte, à la charge d'en payer les droits Seigneuriaux de servitude & serfve condition à ladite Seigneurie.

BARNEAU. Douze titres originaux, reconnoissances, Baux emphithéotiques, échanges & acquisitions des années 1493, 1543, 1555 à 1667, pour la censive d'un très-grand nombre d'héritages situés au territoire de Barneau, & dont le local particulier, la nature, la contenance & les confins sont spécifiés; le tout étant en la censive de la Seigneurie de Barneau, située près Brie-Comte-Robert, (on lit Bray-Comte

Comte-Robert,) sous les cens spécifiés à chaque titre, payables & dûs à ladite Seigneurie.

BARNEUIL. Bail emphitéotique en original de l'an 1504, fait par le Seigneur de Barneuil près Senlis, d'héritages spécifiés sous les cens aussi spécifiés payables à la Seigneurie de Barneuil.

BAR-SUR-SEINE. Arrêt en original du Conseil d'Etat privé, rendu l'an 1660 en faveur de la ville de Bar-sur-Seine.

BASAINCOURT. Trois titres, un original, un autre par copie ancienne collationnée., & le troisiéme par copie ancienne sans signature, des années 1577, 1579 & 1638, concernant la Seigneurie de Basaincourt.

BASOUGES. Saisie féodale en original de l'an 1669, d'héritages spécifiés à défaut d'avoir satisfait aux devoirs envers la Châtellenie de Basouges.

BEAUCHESNE. Déclaration originale de l'an 1531, faite à la Seigneurie de Beauchesne pour raison d'héritages spécifiés étant en la censive de ladite Seigneurie.

BAUDEMONT. Deux titres originaux, sçavoir un aveu & dénombrement de l'an 1565, rendus à la Baronnie de Baudemont en Normandie, pour raison du Fief de la Riviere situé en la ville de Bray, qui en reléve, & une procuration de l'an 1599, pour faire hommage du même Fief à ladite Baronnie.

BAUGENCY. Hommage en original de l'an 1477, rendu à la Seigneurie de Baugency, pour raison du lieu, maison & granges de Boucy.

BAUPINAIS. Saisie en forme probante, faite l'an 1671 de la Châtellenie de Baupinais, où l'on voit qu'elle est sa consistance.

BAZINCOURT. Trois titres originaux, dont deux aveux & dénombremens de l'an 1663, rendus à la Seigneurie de Bazincourt en Normandie, & une acquisition faite l'an 1580 d'un arpent de terre situé au territoire de Bazincourt & spécifié, & étant en la censive de ladite Seigneurie, sous le cens de quinze deniers tournois.

BAZOCHE. Etat original fait l'an 1674, de tous les fiefs & arriere-fiefs de la Baronnie de Bazoche, située au pays Chartrain.

BAZOGES. Deux reconnoissances en original de l'an 1653, ou déclarations roturieres faites à la Seigneurie de Bazoges en Poitou, pour raison d'une maison & d'héritages spécifiés & étant en la censive de ladite Seigneurie.

BEC-DE-MORTAGNE. Arrêt en forme probante de l'an 1629, en faveur de la Seigneurie de Bec-de-Mortagne.

BEDESQ. Arrêt en original de l'an 1609, portant permission aux Paroissiens de Bedesq en Bretagne, de faire sur eux-mêmes la levée d'une somme pour être employée à acquitter une dette.

BELLEFONTAINE. Voyez à Fere en Tardenois, un titre de l'an 1606, qui prouve que le Fief de Bellefontaine releve de la Baronnie de la Fere en Tardenois.

BELLEFOSSE. Deux aveux & dénombremens originaux des années 1542 & 1558, rendus à la Seigneurie de Bellefosse en Normandie, pour raison d'héritages spécifiés, étant en la censive de ladite Seigneurie & en relevant, sous les droits & rentes Seigneuriales spécifiés.

BELIGNÉ. Trois titres originaux des 2 Janvier, 25 Février & 24 Septembre 1654, contenant acquisitions d'un grand nombre d'héritages spécifiés, & étant en la censive de la Seigneurie de Beligné en Bretagne, & au pied sont les quittances Seigneuriales des droits de lods & ventes.

BERG. Deux titres, un dénombrement de l'an 1632, par copie ancienne sans signature, rendus à la Châtellenie de Baurains, pour raison de la Viconté de Berg, & un Mémoire de l'an 1660, par copie en forme probante, présenté à la Chambre du Domaine, & tendant à prouver que la Vicomté de Berg releve de la Vicomté de Baurains, & non de Sa Majesté.

BERG. Bail en original de l'an 1681, de la Vicomté de Berg en Artois, où l'on voit sa consistance & ses dépendances.

BERNAY. Voiez à Jençay un hommage de l'an 1623, rendu à la Baronnie de Jençay, pour raison de la Seigneurie de Bernay.

BÉTONVILLIERS. Quatre titres originaux dont un hommage de l'an 1538, rendu au Comté de Nogent-le-Rotrou, pour raison de la Seigneurie de Bétonvilliers en Beauce, & trois titres des années 1631, 1637 & 1647, concernant les droits de haute, moyenne & basse justice de la Seigneurie de Bétonvilliers.

BIARD. Voyez à Montresor un dénombrement de la Châtellenie, Terre, Seigneurie & Fief de Biard.

BISCHEREAU. Voyez à Vonzon un dénombrement de l'an 1536, rendu de la Seigneurie de Bischereau en Sologne, à la Châtellenie de Vonzon.

BLAINVILLE. Bail à rente en original de l'an 1515, de plusieurs héritages spécifiés situés au territoire d'Andilly près Montmorency, & étant en la censive du Fief de Blainville, sous le cens de vingt deniers parisis.

BLESLE. (Ville ou Bourg de Blesle, où il y a une Abbaye de filles dite de Blesle, au Diocése de Saint-Flour en Auvergne,) compromis en original de l'an 1550, d'entre Beraud Dauphin, Seigneur de Mercœur, d'une part, & les Consuls & Habitans de Blesle, d'autre part, touchant l'usage pour les Habitans de ce Bourg dans le territoire de Rezes.

BOERY-LA-VILLATE. Contrat original de l'an 1628, qui prouve que le Seigneur de la Seigneurie de Boery-la-Villate, au pays de la Marche, a pour raison de sa Seigneurie, le droit de dixme inféodé, dit la dixme de la Rougerie sur les Durands & autres Habitans de deçà & de delà le pont du lieu de la Celle & autres lieux étant dans le district de sa dîmerie, & qu'il a encore les cens, rentes, droits & devoirs, directe féodalité & autres droits sur les Habitans de la Celle, & d'autres beaux droits mentionnés en l'acte, le tout relevant de la Seigneurie de Dun-le-Paleteau.

BOIS. Deux aveux & dénombremens en originaux des années 1613 & 1616 rendus à la Seigneurie du Bois en Bretagne, pour raison de diverses terres situées au village de Treompan & ailleurs, le tout spécifié, sous les cens & devoirs Seigneuriaux aussi spécifiés, dûs à ladite Seigneurie.

BOIS-DE-LA-ROCHE. Dénombrement en original de l'an 1654, rendu à la Seigneurie du Bois-de-la-Roche en Bretagne, pour raison de choses spécifiées &

relevant de ladite Seigneurie, sous les cens & droits Seigneuriaux aussi spécifiés.

BOIS-ROGER. Aliénation en original de l'an 1617, de l'Estang-David, en la Paroisse de *Vallieres-les-Grandes*, & étant en la censive de la Seigneurie de Bois-Roger.

BOIS-RUFFIN. Quatre hommages en original des années 1588, 1661, 1663, rendus à la Seigneurie & au Château de Bois-Ruffin, pour raison d'objets considérables énoncés, relevant de ladite Seigneurie, sous les droits Seigneuriaux spécifiés.

BOIS-RUFFIN. Un titre original de l'an 1592, portant composition à rachat de plusieurs objets considérables spécifiés, étant en la censive de la Seigneurie de Bois-Ruffin.

BORDES-CHALLONGES. Acquisition originale de l'an 1595, d'héritages spécifiés (*) étant en la censive de la Sei-

(*) *Nota*. L'on s'abstiendra d'énoncer au sujet des titres d'acquisitions, les cens spécifiés, & l'on dira seulement en la censive de la Seigneurie; l'on s'abstiendra aussi de dire *spécifiés*, par la raison que tous les héritages vendus, ou acquis, sont énoncés avec leur local particulier, leur contenance, & leurs confins, &c. & dès que l'on n'annonce pas des hommages, l'on ne dira pas pour quel objet ils sont rendus, à moins que ce ne soit pour Seigneuries en Fiefs; il en sera de

gneurie des Bordes-Chalanges, sous les cens spécifiés.

BORGLERE. (la) Trois hommages en originaux des années 1408, 1452 & 1498, rendus à la Seigneurie de la Borglére.

BOUCHEMONT. Hommage original de l'an 1507, rendu à la Seigneurie de Bouchemont, pour raison du Fief de la Ronce.

BOUILLE. Bail judicaire de l'an 1694, par copie en forme probante de la Seigneurie de Bouillé.

BOULLAYE. (la) Deux dénombremens en originaux des années 1417 & 1559, rendus à la Seigneurie de la Boullaye en Poitou, par le Chapitre & les Chanoines de l'Eglise Collégiale de Saint Pierre de Moulinart. Déclaration originale de l'an 1425, faite à la même Seigneurie, pour le Village, territoire & tenement de Coulchapon.

BOURAY. Dénombrement par copie en forme probante rendu en 1603 à la Seigneurie de Bouray.

BOURELIERE (la) en Anjou. Acquisition originale de l'an 1520, d'héritages étant en la censive de la Seigneurie de la Bourreliere, où l'on voit sa consistance & sa dépendance.

même pour les Reconnoissances, les Aveux, Dénombremens, & Déclarations. Les possesseurs des Terres pourront voir dans les Titres, les objets qui peuvent les intéresser.

BOUTIERE (la) en Nivernois. Bail emphitéotique à Bourdelage, en original fait l'an 1524, par le Seigneur de la Boutiere, d'héritages en très-grand nombre pour la censive de la Seigneurie de la Boutiere.

BRAUSSE. Dénombrement original de l'an 1664, rendu à la Châtellenie de Brausse, pour raison de la Seigneurie de Mignonville.

BREVAL. Un titre original de l'an 1530, concernant la Seigneurie de Breval.

BRESVIRE. Quatre titres imprimés concernant la Baronnie de Bresvire.

BREVAL. Aveu & hommage en original de l'an 1651, rendus au Marquisat de Breval, situé près la ville de Brouage, pour raison des Fiefs de Parel, Guespin, & les Adjoux.

BRY. Bail emphitéotique original, de l'an 1508, pour la censive de la Seigneurie de Bry.

BRICONVILLE. Quatre déclarations ou reconnoissances en original des années 1605 & 1606, rendues à la Seigneurie de Briconville en Beauce, ainsi qu'à celle de Tessonville.

BRILHAC. Un titre original de l'an 1324, concernant les droits de la Seigneurie de Brilhac, le four bannal, &c.

BRICQUEBEC. Histoire sommaire des anciens Seigneurs propriétaires de la

Vicomté & Baronnie de Bricquebec en Normandie, depuis l'an 1000 à 1515.

BROISE. Six titres dont trois originaux, un par copie en forme probante, & deux sans signature, depuis l'an 1676 à 1693, concernant le Fief de Broise en Bretagne, où l'on voit sa consistance, & qu'il releve de la Baronnie de Chateau-giron.

BROU. Hommage original de l'an 1680, rendu à la Baronnie de Brou, au Perche, pour raison du Fief de la Grande-Porte de la Gaste, & des Fiefs & Seigneuries de Saint Ouan, de la Charpenterie dite Camerie, & de la Forconnerie.

BROUDECHAPON. (Seigneurie de Broudechapon en Normandie.) Soixante & douze titres tous originaux, étant des aveux & dénombremens des années 1461, 1484, 1490, & depuis l'an 1500 jusques en 1636, rendus à la Seigneurie de Broudechapon, pour raison d'un très-grand nombre d'héritages en maisons & terres, relevant & étant en la censive de ladite Seigneurie : ces titres sont des plus intéressants.

BUAT. Huit aveux, déclarations & reconnoissances en originaux, des années 1553, 1561 & 1563, rendus au Fief du Buat, pour raison d'un très-grand nombre d'héritages situés au territoire de Bures, au territoire de Bressolles, & ailleurs.

BUSSIN. Bail original de l'an 1654, du Fief de Buſſin en Poitou, où l'on voit ſa conſiſtance & ſes dépendances.

C.

CAEN. Deux titres des années 1699 & 1710, l'un original & l'autre en forme probante, concernant la ville de Caen en Normandie.

CALVISSON. Mémoire imprimé en l'année 1698, concernant le Marquiſat de Calviſſon en Languedoc.

CAMBONNES. Un titre de l'an 1625, par copie ancienne en forme probante, concernant la Seigneurie de Cambonnes en Languedoc.

CANDAS. Reconnoiſſance originale de l'an 1602, faite au Fief de Candas en Picardie.

CARNEAUX. (des) Déclaration originale de l'an 1506, faite au Fief des Carneaux, ſitué à Athis-ſur-Orge. Voyez à *Athis* pluſieurs dénombremens de ce Fief, où l'on voit ſa conſiſtance & ſes dépendances.

CAUTIERES. Contrat original de l'an 1509, contenant acquiſitions d'héritages étant en la cenſive de la Seigneurie de Cautieres en Normandie, près Giſors.

CELLE. (la) Bail en pure fiéfée de l'an

1744, par copie en forme probante de la Seigneurie de la Celle & de ses dépendances, & de la Seigneurie & Fief de la Durie, relevant de celle de la Celle.

CHASGON. Aveu original de l'an 1552, rendu à la Seigneurie de Chasgon.

CHAILLY. Aveu original de l'an 1669, rendu à la Seigneurie de Chailly, située à Gamaches.

CHAIGNELLE. (la) Bail emphitéotique original de l'an 1411, fait par le Seigneur de la Chaignelle.

CHASLETTE. Voyez à Aunay, pour les droits honorifiques en l'Eglise d'Aunay, en faveur des Seigneurs de la Terre de Chaslette.

CHAMBONNEAU. Sept titres originaux, Baux emphitéotiques, échanges, sentences, titres intéressants depuis l'an 1527 à 1623, pour la censive de la Seigneurie de Chambonneau en Poitou.

CHAMMOREAU. Deux reconnoissances en grosses originales, rendues l'an 1707 à la Seigneurie de Chammoreau, Paroisse de Lucy, en Gastinois.

CHAMPAGNE. Deux hommages originaux des années 1445 & 1475, rendus à la Châtellenie de Champagne, pour raison du Fief de la Vilaudère.

CHAMPIGNY. Deux titres originaux des années 1630 & 1664, pour la censive de la Seigneurie de Champigny.

CHAPELLE. (la) (Seigneurie de la Chapelle située à Cailleville en Normandie,) Acquisition de l'an 1659, par copie collationnée en 1672, de la Seigneurie de la Chapelle & des Fief, Terre & Seigneurie du Bosc-le-Fevre, où l'on voit la consistance de la Seigneurie de la Chapelle & de celle du Bosc-le-Fevre.

CHAPELLE, (la) (Seigneurie de la Chapelle en Champagne) Echange de l'an 1597, par copie du tems même sans signature, de la Seigneurie de la Chapelle, où l'on voit sa consistance.

CHAPELLE-MONTMOREAU, (la) en Périgord. Six titres tant en originaux qu'en grosses originales de l'an 1637 à 1686, & un mémoire de production, le tout concernant la Seigneurie de la Chapelle-Montmoreau.

CHARENTON près Paris. Plan de la Seigneurie de Charenton, & trois titres originaux des années 1606 & 1612, pour la censive de cette Seigneurie.

CHARNY. Reconnoissance originale de l'an 1511, faite à la Seigneurie de Charny en l'Isle de France, pour raison d'héritages étant en la censive de cette Seigneurie.

CHAROLOIS. Deux titres originaux des années 1694 & 1695, & un mémoire concernant les offices du Bailliage du Comté de Charolois, & les Justices qui en ressortissent.

CHASELET. Voyez à Luſeret un titre de l'an 1610, qui prouve que la Seigneurie de Chaſelet reléve de celle de Luſeret.

CHASSENAY. Deux titres originaux des années 1584 & 1611, pour la cenſive de la Seigneurie de Chaſſenay en Bourgogne.

CHASTEAU. (Baronnie de Chaſteau, ſituée en l'Iſle d'Oleron.) Deux Arrêts, dont l'un en original de l'an 1648, & l'autre de l'an 1656, par copie collationnée, concernant la Baronnie de Chaſteau.

CHATEAUBRUN. Reconnoiſſance originale de l'an 1462, rendue à la Seigneurie de Chateaubrun en Berry.

CHATEAUDUN. (Hôpital ou Hôtel & Maiſon-Dieu de) Un cayer contenant le Recueil par copie vidime en forme probante de pluſieurs titres de l'an 1538 à 1595, concernant la Maiſon-Dieu de Chateaudun.

CHATEAULIN. Deux titres originaux des années 1651 & 1652, concernant la cenſive de la Seigneurie de Chateaulin en Bretagne.

CHATEAUROUGE. Vingt-ſix titres originaux, depuis l'an 1560 à 1626, concernant de grands objets, pour la cenſive de la Seigneurie de Chateaurouge en Picardie.

CHATELNEUF en Venne, au Comté de Bourgogne. Un titre original de l'an

1650, pour la censive de la Seigneurie de Chatelneuf en Venne.

CHATELNEUF-SUR-ALLIER. Hommage original de l'an 1482, rendu à la Seigneurie de Chatelneuf-sur-Allier, pour raison de la Seigneurie des Granges.

CHASTELUS. Un titre original de l'an 1546, qui prouve plusieurs beaux droits pour la Seigneurie de Chastelus, située au pays & Comté de la Marche.

CHASTILLON. Arrêt du Conseil d'Etat de l'an 1696, par copie ancienne sans signature, concernant la ville de Chastillon-sur-Seine.

CHATOU. Un titre original de l'an 1690, pour la censive de la Seigneurie de Chatou.

CHAUGE. Un titre original de l'an 1649, pour la censive de la Seigneurie de Chauge.

CHAUVINCOURT. Dénombrement original de l'an 1642, rendu à la Seigneurie de Chauvincourt.

CHEREIL. Un titre de l'an 1651, par copie ancienne en forme probante, contenant donation de la moitié de la Seigneurie de Chereil, & où l'on voit la consistance de cette Terre, qui releve de la Seigneurie des Garennes.

CHERVILLE. Deux titres originaux, une reconnoissance de l'an 1599, & un hommage de l'an 1628, rendus à la

Seigneurie de Cherville en Bretagne.

CHEVIERE. Un titre original de l'an 1659, où l'on voit la consistance de la Seigneurie de Cheviere.

CHEZE (la) en Poitou. Trois titres originaux de l'an 1674 à 1677, qui justifient que le Seigneur de la Cheze a droit de péage & de pontenage en sa Seigneurie de la Cheze.

CHILNAU. Trois Baux emphitéotiques en originaux des années 1644 & 1646, pour la censive de la Seigneurie de Chilnau.

CIERGE. Acquisition originale de l'an 1663, de la Seigneurie de Cierge & Grange-au-bois, où l'on voit toute sa consistance.

CLAYE. (Châtellenie de Claye au Diocése de Meaux.) L'on prononce Claye, l'on a toujours écrit Cloye: voyez à Cloye un très-grand nombre de titres des plus intéressants, concernant la Châtellenie de Claye.

CLERMONT en Beauvoisis. (Censive en la Prairie & en la Paroisse de Vuarty, des Maire & Pairs de la ville de Clermont en Beauvoisis, tant à cause de la ville, qu'en qualité de Seigneurs Administrateurs de l'Hôtel de Saint Ladre de la ville de Clermont. (Six titres originaux depuis l'an 1557 à 1568, qui justifient ladite censive.

CLERVAUX. Un titre original de l'an 1635, pour la censive du Marquisat de Clervaux.

CLIGHY-LA-GARENNE. Un titre original de l'an 1537, pour la censive de la Seigneurie de Clichy-la-Garenne.

CLOYE. (Châtellenie de Cloye, dite *Claye* au Diocése de Meaux) L'on a de cette Terre les titres les plus intéressants: sçavoir, deux cens quarante-deux titres tous originaux, étant des aveux faits à la Châtellenie de Cloye, & des Baux emphitéotiques faits par les Seigneurs de cette Châtellenie: ces Titres concernent la censive de cette Terre dans un très grand nombre de possessions & d'héritages en Maisons, Terres, &c. dont le local, la contenance & les confins sont spécifiés, avec la spécification particulière des cens & autres droits Seigneuriaux dûs à ladite Châtellenie, dans les termes énoncés dans les actes; tous ces titres sont distribués par cahiers, avec les extraits à chaque cahier; ces titres enfin sont des années 1401, 1470, 1479, 1483, 85, 88, 89, 90, 91, 93, 95, 99 & 1500 à 1636. Ils sont distribués en sept porte-feuilles, depuis & compris le 14 de ce recueil, jusques & compris le 20 portefeuilles.

L'on trouve ensuite pour la Châtellenie de Cloye, sous les 21 & 22 portefeuilles de ce Recueil, quarante-neuf titres originaux depuis l'an 1504 à 1578, pour la censive de cette Terre ; ces titres sont des contrats d'échanges & d'acquisitions d'héritages, avec énonciation des cens dûs à la Châtellenie de Cloye.

Les 23 & 24 portefeuilles de cette Collection renferment soixante & dix Titres, tous originaux, excepté trois par copies anciennes collationnées en forme probante, sçavoir :

L'arpentage & mesurage en original, faits en l'année 1548, de la Châtellenie de Cloye : le Bail en original fait l'an 1689, de cette Terre, où l'on voit sa consistance & ses dépendances ; quatre hommages des années 1535, 1609 & 1647, rendus à la Châtellenie de Cloye, pour raison des Fiefs de Villaines, de la Grouette, &c. Six Arrêts & Sentences des années 1565, 1674 à 1631, qui condamnent les propriétaires d'héritages spécifiés à en payer les cens & autres droits à la Châtellenie de Cloye, & à en passer reconnoissance ; il y est prouvé encore plusieurs beaux droits en cens, surcens, rentes Seigneuriales, haute, moyenne & basse justice attachés à cette Terre : les autres titres contenus en ce même portefeuilles, sont des reconnoissances, des saisies féodales, autres Sentences, Baux emphitéotiques depuis l'an 1514 à 1681, le tout pour la censive & les droits de la Châtellenie de Cloye.

L'on trouve ensuite dans les 25 & 26 portefeuilles, quarante-six titres originaux des années 1386, 1388, 1389, 1467, 1498 & 1518 à 1597, qui justifient que le Seigneur de Cloye, à cause de sa Châtellenie de Cloye, a les droits de péage, de travers & de rouage dans l'étendue de sa Terre, contre les prétentions des habitans de Cloyes, qui soutenoient le contraire; on trouve dans un titre de l'an 1386 la qualité de *Vaillant homme & sage, & Maître* donnée à *Jean* Chattou, ou Chatton, Bailly de Meaux.

Les portefeuilles 27, 28, 29 & 30 de ce Recueil, contiennent cent vingt-cinq titres, dont soixante & dix-sept originaux, quarante par copies anciennes collationnées en forme probante, & les autres huit par copies sans signatures; lesdits titres depuis l'an 1404 à 1675, justifient que les Habitans, soit Ecclésiastiques, soit Nobles ou Roturiers, des villages & des lieux de Montauban, Villevodé, Cloye, Souilly, Montjay, Lepin, Courtery, Ville-Parisis, & Messy en partie Ville-Parisis, sont obligés & tenus de moudre leurs grains dans les Moulins Bannaux de Cloye & de Souilly.

Le tome 31 de ce Recueil contient enfin 29 titres dont 26 originaux, concernant les droits honorifiques de la Châtellenie de Cloye, les usages des Habitans de cette

Terre, la Police, la Voirie, les Dixmes, l'Arpentage de cette Châtellenie, ses droits dans les bois de Brie & de Fontenay, &c. Ces titres sont depuis l'an 1501 à 1632.

COCHEREIL. Un titre original de l'an 1618 pour la Seigneurie de Cochereil, près Chateau-Thierry.

COMERCY. Arrêt original de l'an 1651, pour la Seigneurie de Comercy.

CONNEVAL. Procès-verbal en original de l'an 1660, contenant l'inventaire des titres & renseignemens concernant la Seigneurie de Conneval, dans le Vendomois.

CONFLANS-SAINT-HONORINE près Paris. Bail de l'an 1612, par copie juridique de l'an 1615, du péage & du travers de la Baronnie de Conflans, où l'on voit la consistance dudit droit de péage & de travers.

CONFLANDÉ. Un titre original de l'an 1629, concernant les Fiefs de la Châtellenie de Conflandé.

CONFOLANT. Un titre original de l'an 1575, qui prouve que les Habitans de Confolant & de Loubert ont une rente de 116 liv. 2 sols tournois sur les Tailles & Aides de l'Election d'Angoumois, laquelle rente leur a été accordée par le Roi François I.

COQ. Trois titres originaux des années

1574, 1575 & 1578, pour la censive du Fief du Coq, situé près Clermont en Beauvoisis.

CORS. Hommage, aveu & dénombrement en original de l'an 1351, rendus par *Eudes* de Culant, Chevalier, Seigneur de Romefort, à Dame Madame *Mathe* de Pons, Dame de Cors, pour raison de la Ville, du Château & de la Seigneurie de Romefort, relevant de la Châtellenie de Cors.

CORS. Hommage original de l'an 1545, rendu à la Châtellenie de Cors, pour raison des deux *quartes* parties de la Seigneurie de Romefort.

CORTAOUL. Déclaration & dénombrement original de l'an 1626, de la Seigneurie de Cortaoul & de celles de Jardelay & Boduin, appartenant à la Maison de Saultour.

COUDRAY. Aveu & dénombrement original de l'an 1574, rendus à la Seigneurie du Coudray.

COUDRAY. Un titre original de l'an 1577, contenant l'acquisition de la Seigneurie du Coudray en Normandie, où l'on voit sa consistance, & qu'elle releve de celle du Mesnil-sous-Verguelievre.

COUDROY. Hommage original de l'an 1491, rendu à la Châtellenie de Coudroy, pour raison des Seigneuries de Bailleau & Moulin-de-Monceaux.

COULOMIERS. Acte original de l'an 1445, contenant réception à hommages des Seigneuries de la Malle-Maison & de Guerart, en partie relevant de la Châtellenie de Coulomiers.

COULONGES. Sentence en original de l'an 1557, pour la censive de la Seigneurie de Coulonges.

COURANCES. Hommage original de l'an 1551, rendu à la Seigneurie de Courances en Gastinois, pour raison du Fief du Vau.

COURCELLES. Une reconnoissance originale de l'an 1334, faite à la Seigneurie de Courcelles.

COURTABEUF, dit PALOISEl en Brie. Hommage original de l'an 1591, rendu à la Seigneurie de Courtabeuf, pour raison de la Seigneurie des Grenays.

COURT-ALEXANDRE. Quatre titres originaux des années 1553 à 1559, pour la censive de la Seigneurie de Court-Alexandre en Brie.

CRECY. (Maladerie de Crecy en Brie) Sentence originale de l'an 1628, en faveur de la Maladerie de Crecy, contre les détempteurs d'une Maison, Grange, & 46 arpens de terre appartenant à ladite Maladerie.

CREPIERES. Copie juridique faite l'an 1715, de deux titres des années 1554 &

1640, concernant la censive de la Seigneurie de Crépieres.

CREISEQUES ou CREIZEQUES. Bail original de l'an 1594, de la Baronnie de Creiseques, où l'on voit sa consistance & ses dépendances.

CRESSY. (Ville & Habitans de Cressy en Picardie) Copie en forme probante d'un Arrêt du Conseil d'Etat, de l'an 1679, touchant le Droit d'usage dans la Forêt de Cressy, pour la Ville & les Habitans de Cressy.

CREUZOT. Terrier par copie en forme probante, fait l'an 1507, de la Seigneurie de Creuzot en Aussoy, au Duché de Bourgogne.

CROISSENAY. Trois titres originaux, dont l'un de l'an 1547, & les autres sans date, qui paroissent de la même année, l'un desquels est un aveu à la Seigneurie de Croissenay.

CROISSY. Un titre original de l'an 1693, pour la censive de la Seigneurie de Croissy.

CROZAUT. Hommage original de l'an 1618, rendu à la Châtellenie de Crozaut, pour raison de la Seigneurie de Beaupré.

CUISERY. Déclaration originale de l'an 1594, faite à la Seigneurie de Cuisery.

CURZAY. Aveu & dénombrement

original de l'an 1601, rendus à la Seigneurie de Curzay, pour raison du Fief du vieux Château de Fazeneuil.

CUZÉ. Un titre original de l'an 1615, pour la censive de la Seigneurie de Cuzé.

D.

DANGU. Cinq titres originaux de l'an 1648 à 65, un aveu rendu à la Baronnie de Dangu en Normandie, & quatre titres concernant les Bois & Forêts de cette Baronnie.

DEFFENS. Un titre original de l'an 1411, qui prouve que deux Fiefs spécifiés sont mouvans de la Châtellenie de Deffens en Poitou.

DESGRÈZ. (Seigneurie & noble Fief Desgrèz en Normandie,) Neuf aveux & dénombremens en originaux des années 1457, 1466, 1498, 1517 à 1624, rendus à la Seigneurie & Fief noble Desgrèz. Ce Fief appartenoit à la Maison de Pommereuil, ou Pomereul, des Seigneurs de Moulin-Chapelle. Il se trouve dans le Cabinet de l'Auteur, des titres depuis le 13 siécle, & successivement de siécle en siécle, qui prouvent l'ancienneté de la Noblesse de la Maison de Pomereul en Normandie.

DEUX LIONS. (Seigneurie de) Deux titres originaux de l'an 1680, concernant la Seigneurie de Deux Lions.

D'OGNON. (Vicomté de) Bail emphitéotique de l'an 1634, par copie collationnée l'an 1672, d'un droit de paſſage de batteaux, moyennant la rente annuelle & perpétuelle de dix livres payable à la Vicomté de d'Ognon. Voyez à d'Ougnon.

DOMAINVILLE. Un titre original de l'an 1608, concernant la Seigneurie de Domainville.

DOMPIERRE. (Village de Dompierre en Picardie) Cenſier en original fait en abrégé le 13 Décembre 1603, des Fiefs de la Cour de Bailleul, Caudate, Borifle & Dellencourt, ſitués au Village & dans le territoire du Village de Dompierre.

DOUAISEY. Seigneurie du grand Fief de Tourville, dit Douaiſey, en Normandie. Voyez à *Tourville*.

DOUGNON. Cinq titres, dont trois en originaux de l'an 1630 à 1676, concernant la Seigneurie de Dougnon.

DRASSY. (Seigneurie de Draſſy en Bourgogne) Copie collationnée en forme probante du Contrat de vente faite l'an 1714 de la Seigneurie de Draſſy, où l'on voit ſa conſiſtance, & qu'elle reléve de la Couronne, à cauſe du Duché de Bourgogne.

DRIZANCOURT. (Seigneurie de Drizancourt en Picardie, peut-être appellée aujourd'hui Driencourt.) Deux titres originaux,

ginaux, sçavoir une reconnoissance de l'an 1594, faite à la Seigneurie de Drizancourt, & un autre titre de la même année pour la censive de cette Seigneurie. *Voyez à Isancourt : l'on a écrit Drizancourt, Driencourt & Isancourt, pour cette même terre.*

DUN-LE-PALTEAU. (Châtellenie de Dun-le-Palteau.) Contrat d'acquisition en original, du 5 Mars 1624, de la Terre, Seigneurie, Château & Châtellenie de Dun-le-Palteau, relevant du Roi à cause de sa Châtellenie de Crossant, à la suite duquel contrat est un inventaire raisonné des titres concernant ladite Châtellenie de Dun-le-Palteau.

E.

ESMERY. (Baronnie d'Esmery) le Fief & Seigneurie de Misery releve de la Baronnie d'Esmery : voyez à Misery un dénombrement original de l'an 1612.

ESSARTONS. (Seigneurie d'Essartons près Montfort Lamaury) Hommage en original de l'an 1561, rendu à la Seigneurie des Essartons, pour raison des Fiefs de Merez, Launay, Bertin, relevant de ladite Seigneurie.

ESCHARCON. Trois titres originaux, Lettres Royaux de l'an 1666, où l'on voit que la Seigneurie d'Escharcon est composée de plusieurs Fiefs, & qu'elle a droit de Justice, Haute, Moyenne & Basse. Un Acte de l'an 1670, tendant à prouver que la Seigneurie de Montambert releve de celle d'Escharcon : un Bail de 1676 des Droits Seigneuriaux de la même Seigneurie, où l'on voit sa consistance : *voyez à Villeroy* une Lettre de souffrance d'hommage, qui prouve que la Seigneurie d'Escharcon releve de celle de *Vaux-lez-Essone*, réunie au Duché de Villeroy.

ESCLARON. (Baronnie d') Deux titres, un état original fait l'an 1671 de la recette & dépense des Baronnies d'Esclaron & de Roche, & où l'on voit la consistance de ces deux Baronnies; ce Titre en est comme le Censier; un autre titre de 1676 par copie collationnée, concernant ladite Baronnie.

ESCORNAY. (Seigneurie d'Escornay, relevant du Château, Terre & Seigneurie de Ham en Picardie.) Dénombrement original de l'an 1531, rendu à la Seigneurie d'Escornay, pour raison d'un Fief situé à Ham.

ESTERNAY. (Marquisat d') Contrat en original de l'an 1655, portant acquisition du Marquisat d'Esternay & de la Seigneurie de Châtillon en Brie, où l'on voit leurs consistances & dépendances.

ESTOGE. (Comté d'Estoge.) Lettres Patentes du Roi Louis le Grand, données à Versailles, au mois de Septembre 1682, & portant érection en Comté de la Seigneurie & Vicomté d'Estoge; cette érection en faveur de l'illustre maison d'Anglure.

ESTRÉ. (Seigneurie de Estré en Picardie.) Deux dénombremens en originaux des années 1503 & 1563, rendus à la Seigneurie de Estré, pour raison d'un Fief & de plusieurs héritages spécifiés mouvans de ladite Seigneurie, sous les droits & cens spécifiés.

ESVRY. (Seigneurie d'Esvry sur Seine.) Une reconnoissance en original de l'an 1584, faite à la Seigneurie d'Esvry-sur-Seine.

F.

FAOU. (Vicomté de Faou en Bretagne.) Aveu & dénombrement en original de l'an 1660, rendus à ladite Vicomté.

FENIERES. (Fief de Fenieres situé à Valescourt, près Mondidier en Picardie.) Deux Baux emphitéotiques en originaux, des années 1479 & 1576, du Fief de Fenieres, où l'on voit ses consistances & ses dépendances.

FERCOURT. (Seigneurie de Fercourt.) Six titres originaux de l'an 1539 à 1632, pour la censive de cette Seigneurie.

FERE-EN-TARDENOIS. (Baronnie

de Fere-en-Tardenois.) Le Fief ou la Maison étant en Fief, appellé Belle-Fontaine, est mouvante en arriere-fief de la Baronnie de Fere-en-Tardenois: Lettres Royaux du 19 Juillet 1606, qui servent à justifier la mouvance ci-dessus.

FIEUX (Communauté du lieu de Fieux en Guyenne.) Quatre titres originaux des années 1664, 1665, 1701 & 1712, concernant la Communauté du Lieu de Fieux.

FLARAN. (Syndicat du Lieu de Flaran en Armagnac.) Contrat original de l'an 1541, contenant acquisition d'une piéce de terre située en la Jurisdiction de Valence, & dont les confins sont spécifiés, & à la charge du Fief accoutumé de quatre toulsains, payables chaque année au Syndic de Flaran.

FLORIE. (Seigneurie de la) Un titre original de l'an 1533, concernant ladite Seigneurie.

FLORIMONT. (Fief de Florimont, situé à Souilly, près Claye en Brie.) Déclaration en original, mesurage & arpentage faits l'an 1598, du Fief de Florimont.

FOLIE. (Fief de la) Sept piéces, dont cinq titres originaux de l'an 1603 à 1699, concernant le Fief de la Folie.

FONTAINE. (Cette Seigneurie releve du Duché de Piney.) Voyez à Piney un dénombrement en original de l'an 1633.

FONTAINE-AU-BRON. (Habitans de ce lieu) Un titre en forme probante de l'an 1519, portant concession d'usage dans les bois spécifiés ; à charge de payer certains droits spécifiés au Seigneur de Fontaine-Aubron.

FONTENAY. (Seigneurie de Fontenay érigée en Marquisat.) Copie ancienne sur papier timbré, sans signature de Lettres Royaux de l'an 1691, enregistrées au Parlement de Paris, portant érection de cette Seigneurie en Marquisat.

FONTENAILLE. Une reconnoissance en original de l'an 1503, faite à la Seigneurie de Fontenaille.

FOREST. (Seigneurie de Forest en l'Isle de France.) Vingt-trois titres originaux de l'an 1489 à 1631, sçavoir, dix-huit aveux, dénombremens & reconnoissances faits à ladite Seigneurie ; trois Baux emphitéotiques, & deux Contrats d'acquisitions.

FOREST. (la) (Seigneurie de la Forest en Normandie.) Deux titres originaux de l'an 1601, un hommage rendu à cette Seigneurie, pour raison du Fief de Sainte Marie, & une procuration à cet effet.

FORT. (Fief du Fort, situé à Garencieres.) Hommage en original du 18 Mars 1619, rendu au Fief du Fort.

FORTE-MAISON DE LA MOTTE. (Seigneurie de la Forte-Maison de la

Motte, en Franche-Comté.) Contrat original de l'an 1534, pour la censive de cette Seigneurie.

FOURDRINOY. (Seigneurie de Fourdrinoy en Picardie.) Trois titres originaux : un dénombrement de l'an 1564, pour raison des Fiefs de Goullin & de la Marie, relevant de ladite Seigneurie, & deux titres des années 1561 & 1598, pour la censive de la même Seigneurie.

FOURS. (Fief de Fours, situé en la Châtellenie de Bouteville en Angoumois.) Sentence originale de l'an 1562, qui condamne plusieurs propriétaires du Maine, appellé le Maine-Neuf, situé à la Paroisse de Bouteville, à payer au Propriétaire du Fief de Fours, la rente Seigneuriale, directe & fonciere de trois boisseaux de froment.

FRECOT. (Châtellenie de) Deux titres originaux, un dénombrement de l'an 1602, un hommage de l'an 1616 rendus à ladite Châtellenie.

FRESLONNIERE. Un Mémoire qui donne à connoître la consistance de cette Seigneurie.

FREMUSSON. (Seigneurie de) Acquisition en original, de l'an 1630, de la Seigneurie de Fremusson, où l'on voit sa consistance & ses dépendances.

FRESNAY. Voyez à Rougemont un hommage de cette Seigneurie.

FRESNAYE (la) en Bretagne. Trois titres originaux, aveux, dénombremens & déclarations des années 1481, 1484 & 1582, rendus à la Seigneurie de la Fresnaye en Bretagne, où il est fait mention de la Famille noble de Burel.

FRÊNE. (Fief de) Voyez à Chaumont un titre original de l'an 1405.

FRESNE. (Seigneurie de Fresne située au Diocése de Meaux, près la Châtellenie de Claye, ou Cloye,) Quarante-trois titres : trois copies anciennes des années 1289, 1321 & 1517, concernant ladite Seigneurie, qui étoit possédée en 1321 & après, par la Famille noble de Fresne : un cahier contenant par copie juridique de l'an 1611, un hommage de l'an 1391, rendu à ladite Seigneurie ; deux transactions de l'an 1479 & autres titres ; autre transaction de l'an 1402, écrite dans le tems même & sans signature, qui donne à connoître plusieurs droits de ladite Seigneurie : sept titres par copies anciennes collationnées, des années 1399, 1488, 1580 à 1670, étant dénombremens, hommages, rendus à la Seigneurie de Fresne, pour raison du Fief de la Grange-dixmeresse de Cloye, relevant de cette Seigneurie, avec des actes de souffrance, d'aveu, &c. huit Baux par copies anciennes en forme probante, de l'an 1487 à 1581, des dixmes du Fief de la Grange-dixmeresse de Cloye, appartenantes à la Seigneurie de Fresne.

Un cahier contenant copies en forme probante de Lettres, titres & renseignemens des droits, redevances & appartenances du Fief de la Grange-dixmeresse de Cloye ; ce recueil de titre produit par la Dame de Fresne, pour justifier les droits du Seigneur de Fresne sur ledit Fief.

Voyez à *Grange-dixmeresse de Cloye*, un grand nombre de titres originaux concernant ce Fief. Une sorte de Censier écrit vers l'an 1550, de plusieurs héritages situés au territoire de la Seigneurie de Fresne. Dix-neuf titres originaux de l'an 1524 à 1627, concernant la censive de ladite Seigneurie : autre titre de 1580, par copie en forme probante pour le même objet : consultation en original faite l'an 1586, pour les droits de ladite Seigneurie.

FROLOY. Un titre original de l'an 1619, pour la censive de la Baronnie de Froloy en Bretagne.

G.

GABRIELLE. (la) Un titre original de l'an 1473, pour la censive du Fief de la Gabrielle.

GAIGNERIE (la) en Poitou. Un titre original de l'an 1462, pour la censive du Fief de la Gaignerie.

GAIGNY-LA-MARSELLE. (Seigneurie de) Un titre original de l'an 1665, pour la censive de ladite Seigneurie.

GAILLE-FONTAINE en Normandie. (Seigneurie de) Trois titres originaux des années 1491, 1492 & 1515, concernant cette Seigneurie.

GALLARDON. (Châtellenie de) Deux titres originaux, sçavoir, un Bail à cens annuel & perpétuel, un acte d'introduction, du 13 Février 1472, & une reconnoissance du 4 Mai de la même année, pour la censive de ladite Châtellenie.

GALLOIS. (Fief de Gallois au Perche, tenu en arriere-fief de la Seigneurie de Barville) Dénombrement considérable, en original, rendu en 1661 audit Fief.

GALLONIERE. (Seigneurie de la) Deux titres en forme probante de l'année 1698, concernant les rentes dues à cette Seigneurie.

GAMACHES. (Fief de Sire-Jean-Gosse, situé dans le Marquisat de Gamaches en Picardie) Une reconnoissance originale de l'an 1588, faite audit Fief de Sire-Jean-Gosse.

GAMACHES en Picardie. (Marquisat de) Dix-sept titres originaux des années 1585 à 1594, & des années 1603 à 1655, contenant un Bail emphitéotique, des reconnoissances, des actes d'ensaisissement, d'inféodations, d'acquisitions, & des sentences; le tout pour la censive dudit Marquisat.

GANERYE. (Seigneurie de la) Sentence en original de l'an 1530, portant condamnation de payer certains droits à cette Seigneurie.

GER. (lieu de Ger en Bearn) Deux titres par copie sans signature de l'an 1563, sçavoir, un titre par lequel les Habitans de Ger sont déclarés exempts du droit de Péage, & une confirmation des privileges desdits Habitans de Ger.

GOMBAULT. (Seigneurie de) Terrier écrit l'an 1539, de la Seigneurie de Gombault.

GOMBAULT. (Fief, situé à Thorigny sur Marne) Trente-neuf titres originaux, sçavoir, vingt-six reconnoissances des années 1539 & 1540, & treize Baux emphiréotiques des années 1619, 1620 à 1634, pour la censive dudit Fief.

GORENFLOS en Picardie. (Seigneurie de) Sentence de l'an 1712, rendue au Présidial d'Amiens, touchant le Bail judiciaire de la Seigneurie de Gorenflos qui avoit été saisie, & où l'on voit les Fiefs qui en relevent.

GOULLIN. Voyez à Fourdrimoy le dénombrement du Fief de Goullin en Picardie.

GOURNAY. (Seigneurie de Gournay en Normandie) Aveu & dénombrement en original, de l'an 1604, rendus à cette Seigneurie.

GRANGES. (Seigneurie des Granges en Nivernois) Deux hommages originaux des années 1482 & 1503, rendus à la Châtellenie de Châtelneuf-sur-Allier, pour raison de la Seigneurie des Granges, qui en releve.

GRANGE-AUX-BOIS. (Seigneurie de). Deux titres, dont l'un est original, & l'autre par copie en forme probante, de l'an 1663, concernant cette Seigneurie.

GRANGE-DIXMERESSE DE CLAYE, ou CLOYE, située en la Châtellenie de Claye au Diocése de Meaux. (Fief de la). Soixante & douze titres, dont soixante & dix en originaux, sçavoir, quarante-trois reconnoissances de l'an 1537 à 1580, faites audit Fief; vingt-trois autres titres de l'an 1545 à 1610, pour la censive du même Fief; deux Baux judiciaires du même Fief & des dixmes de Cloyes étant des Domaines dudit Fief, lesdits Baux des années 1613 & 1620; l'on y voit la consistance & les dépendances du Fief de la Grange-dixmeresse de Claye. Bail en original de l'an 1470, de toutes les dixmes dudit Fief, où l'on voit sa consistance & ses dépendances. Un manuscrit sans signature, étant intitulé : Inventaire des titres, depuis l'an 1249 jusqu'en 1679, concernant ce même Fief. Un cahier contenant plusieurs titres, par copie non signée, à la tête desquels se voit un échange de l'an 1580, du Fief de la Grange-dixmeresse de Claye, où l'on voit sa consistance & ses dépendances.

GRAND-HOSTEL. (Fief de Grand-Hostel, situé à Cavetcourt, près Clermont en Beauvoisis) Un titre original de l'an 1574, pour la censive de ce Fief.

GREFFIN. (Fief de Greffin, situé à Moigny en Gatinois) Deux titres originaux des années 1656 & 1682, pour la censive de ce Fief, dont l'un est Bail emphitéotique.

GRESSY. La copie sans signature d'un titre de l'an 1516, concernant la Seigneurie de Gressy.

GREMONVILLE en Normandie. (Seigneurie de) Sept aveux & dénombremens en originaux de l'an 1616 à 1665, rendus à cette Seigneurie pour des objets considérables.

GRIGNON. Copie d'un titre de l'an 1694, contenant acquisition de plusieurs Fiefs & Seigneuries, faisant partie du Marquisat de Grignon, & où l'on voit la consistance desdits Fiefs & Seigneuries.

GROUETTE. (la) (Fief de la Grouette situé à Villeroy) Trois titres originaux, deux saisies féodales de ce Fief, faites l'an 1542, où l'on voit sa consistance & ses dépendances, & un hommage de l'an 1604.

GUERSENT en Bretagne. (Seigneurie de) Sentences originales de l'an 1655, en faveur de noble homme Pietre le Bihan, Seigneur du Roudour & de Guersent, contre nobles gens François de Guergrist & Marie Corre son épouse, Sieur & Dame de Guerthomas, au sujet de plusieurs droits Seigneuriaux dûs à la Seigneurie de Guersent.

GUIGNEVILLE. Un titre original de l'an 1590, concernant la Seigneurie de Guigneville.

GUINGAMP en Bretagne. (Seigneurie de) Une déclaration originale donnée l'an 1563 par la Famille noble de Robichon, à la Seigneurie de Guingamp, pour raison d'un grand nombre d'héritages, lieu noble, métairie, clos, &c.

GUINGAMP. Bail original de l'an 1677, des impôts & billots pour le département de Guingamp en Bretagne.

H.

HAISTRÉ ou HESTRÉ en Normandie. (Fief ou Seigneurie de) Quinze aveux & dénombremens en originaux des années 1476, 1488, 1510 à 1599, rendus à cette Seigneurie, pour raison d'un très-grand nombre d'héritages spécifiés étant en la censive de la Seigneurie de Haistré, sous les devoirs Seigneuriaux aussi spécifiés dûs à ladite Seigneurie. *Voyez à Hestré.*

HAMELET. (Seigneurie de) Cinq titres, sçavoir le Terrier fait le 24 Décembre 1484, de la Seigneurie de Hamelet : ce titre est écrit en la même année, mais il n'est pas signé : un autre Terrier du 15 siécle : l'on voit dans l'une & l'autre de ces piéces, un très-grand nombre de déclarations faites à la Seigneurie de Hamelet pour des biens tenus tant en rotures que noblement ; cette Seigneurie appartenoit alors à la maison de Bouflers : cinq reconnoissances en originaux des années 1573 & 1574, rendues à ladite Seigneurie de Hamelet.

HARAVILLIERS. Deux titres originaux des années 1570 & 71 pour la censive de la Seigneurie de Haravilliers : l'un de ces titres est saisie féodale.

HARCHELINES en Picardie, près le Marquisat de Gamaches. (Fief & Seigneurie de) Deux titres originaux des années 1606 & 1607, contenant des ensaisinemens d'héritages en terre qui sont dans la censive de cette Seigneurie.

HAUTEVILLE en Bretagne. (Seigneurie de la) Aveu & dénombrement original de l'an 1518, rendus par noble Ecuyer François de Chalonge, à noble Ecuyer Jean Lambert, Seigneur de la Hauteville, à cause de sa Seigneurie de la Hauteville.

HEBECOURT. Deux aveux & dénombremens originaux des années 1613 &

1639, rendus à la Seigneurie de Hebecourt.

HELICOURT en Picardie. (Seigneurie de) Reconnoissance originale faite l'an 1607 à cette Seigneurie.

HERCÉ. (censive de la Chapelle du lieu de Hercé en Normandie) Un titre original de l'an 1616, qui justifie que sur certains héritages spécifiés dans l'Acte, il est dû au Chapelain de la Chapelle de Hercé, la rente fonciere & *non acquitable* de dix livres & de deux poules.

HEROUVILLE. Saisie féodale en original, faite en l'année 1548 du Fief de Herouville, où l'on voit la consistance de ce Fief, situé au Diocése de Meaux.

HERVILLIERS. Deux reconnoissances originales des années 1616 & 1620, faites à la Seigneurie de Hervilliers.

HESTRAI ou HESTRE ou HAISTRAY en Normandie. (Fief & Seigneurie de) Six aveux, dénombremens ou reconnoissances en originaux de l'an 1566 à 1717, rendus à cette Seigneurie.

HESTRÉ ou HESTRAI ou HAISTRAY en Normandie. (Seigneurie de) Treize aveux, dénombremens & déclarations de l'an 1606 à 1719, rendus à cette Seigneurie : on lit dans les titres, *Hestré*, *Hestray* & *Haistray*.

HEUDICOURT en Normandie près Gisors. (Seigneurie de) Vingt-six titres originaux de l'an 1546 à 1566, contenant acquisitions d'héritages spécifiés, & étant en la censive de la Seigneurie de Heudicourt, sous les cens spécifiés dûs à ladite Seigneurie.

HORNOY. (Châtellenie de) Deux titres originaux, un dénombrement de l'an 1574, rendu à la Châtellenie de Hornoy en Picardie, pour raison d'un Fief situé au Territoire & Village de Verringues & dans le voisinage de ce lieu, ledit Fief dit le Fief de Vreignes : l'autre titre de l'an 1573, est relatif au même objet : le dénombrement est rendu à haut & puissant Seigneur Messire *Jean* de Rambures, Chevalier, &c.

HUNAUDAYE en Bretagne. (Seigneurie, ou Baronnie, ou Marquisat de la) Dix piéces dont sept titres originaux de 1685 à 1687, concernant ce Marquisat, qualifié Baronnie & Seigneurie.

J.

JEAN-DUPUY. (Fief de Jean-Dupuy, situé à Athis-sur-Orge, près Paris, appellé aussi, Fief de Pied-de-fer) Hommage en original de l'an 1575, rendu à ce Fief, pour raison du Fief du Chaige.

JARRIE au pays d'Aunis. (Seigneurie de la) Hommage en original de l'an 1421, rendu à la Châtellenie de Surgeres, pour raison du Fief de la Jarrie: la Seigneurie de Surgeres appartenoit alors à la maison de Clermont.

JARRIE. (Châtellenie de la) Copie en forme probante d'un Contrat d'échange fait l'an 1635, où l'on voit la consistance & les dépendances de cette terre.

JARNIOT. Contrat par copie ancienne sans signature, contenant l'aliénation faite en l'année 1559 de la Seigneurie de Jarniot, & où l'on voit la consistance & les dépendances de cette terre.

JARZÉ. (Marquisat de) Copie de Lettres Royaux données l'an 1694, portant confirmation de l'érection de la Seigneurie de Jarzé en Marquisat, qui avoit été accordée l'an 1615 à la Maison du Plessis.

JAUVILLIÉRS. (Seigneurie de Jauvilliers, appartenant au Prieuré de Courcy) Cinq titres originaux de 1606 à 1615, pour la censive de cette terre.

JENÇAY. (Baronnie de) Hommage original de l'an 1623, rendu à cette Baronnie, pour raison de la Seigneurie de Bernay.

IFS. (des) Un titre original de l'an 1678, concernant la Seigneurie des Ifs.

IMONVILLE. (Baronnie de) Voyez à Aunay un titre de l'an 1617, touchant le Droit honorifique des Seigneurs Barons d'Imonville, en l'Eglise d'Aunay.

JOUY-SUR-MORAIN. (Seigneurie de) Deux titres originaux des années 1534 & 1616, pour la censive de cette Terre.

JUSTIERE en Poitou. (Seigneurie de la) Aveu & déclaration en original rendus l'an 1673 à cette Seigneurie.

IVETOT. (Principauté de) Ordonnance imprimée, mais en forme probante, donnée l'an 1651.

K.

KERGUESEC en Bretagne. (Seigneurie de) Quatre titres originaux, hommages & déclarations de l'an 1540 à 1660, rendus à cette Seigneurie: les Familles nobles de Kerguesec, de le Golf, de Brient, de Lagadec, sont nommées dans ces titres.

L.

LAGNY sur Marne. (Ville de) Trois titres originaux, de l'an 1575, concernant cette ville.

LAIDEVILLE. (Seigneurie de) Acte de l'an 1606, par copie collationnée l'an 1608, portant reconnoissance de l'aveu rendu à la Seigneurie de Laideville, pour raison de la Seigneurie de Baignaux.

LAIGNEVILLE. (Seigneurie de) Une reconnoissance en original de l'an 1584, pour la censive de cette Seigneurie.

LAIRGODEAU ou LERGODEAU. (Seigneurie de) Deux hommages en original des années 1463 & 1479, rendus à cette Seigneurie, pour raison de l'Hôtel de la Jacquelie, & de six borderies situées à Gorge, & de la masure appellée la Ligonne.

LANCHENEIL. (Seigneurie de) Un titre original de l'an 1456, & une transaction de l'an 1493, par copie collationnée de l'an 1617, concernant la haute justice de cette Seigneurie.

LANCHENEIL. (Châtellenie de) Quatre titres originaux, dont, une Sentence de l'an 1585, qui condamne les Habitans de cette Châtellenie de payer à leur Seigneur les droits de mesure de bled & de vin; dont la consommation s'y fait, & trois Baux des années 1636, 1653 & 1673, faits par le Seigneur de ladite Châtellenie, de la Prévôté ou droit Baillette, Coutume coutumiere appartenant audit Seigneur.

LANDIVIZIO en Bretagne. (Seigneurie de) Etat ancien sur papier timbré, mais sans signature, de la valeur de cette Seigneurie.

LANGOAT en Bretagne. (Paroisse de) Lettres Royaux en original, données à Rennes l'an 1601, au sujet des plaintes portées à Sa Majesté par les Paroissiens de Langoat, de l'exaction commise envers eux par la garnison de Touquedec, agisſant de l'autorité du ſieur Aupleſſis Valeron, Capitaine de cette place, en l'année 1594.

LANION en Bretagne. (Ville de) Lettres Royaux en original de l'an 1627, concernant les Syndics & Habitans de Lanion, & le Vicaire de l'Egliſe de cette ville, touchant la demande de ce dernier d'avoir un logement.

LANVEN. (Seigneurie de) Lettres Royaux de l'an 1603, & aſſignation enſuite, le tout en forme probante, & en un ſeul cahier, au ſujet de cette Seigneurie, que Meſſire René de Rieux, Abbé Commendataire de l'Abbaye de Relec, prétendoit appartenir à ſon Abbaye, contre les prétentions de la Famille noble le Barbier, qui en étoit en poſſeſſion.

LARDY en l'Iſle de France. (Seigneurie de) deux titres originaux de l'an 1613, pour la cenſive de cette Seigneurie.

LARGUY. (Habitans de) Un titre original de l'an 1713, concernant les Habitans de Larguy.

LATAINVILLE. (Seigneurie de) Voyez à Chaumont un titre original de l'an 1405.

LATINGY. (Seigneurie de) Bail de l'an 1602, par copie en forme probante de l'an 1603, de cette Seigneurie, où l'on voit ſa conſiſtance & ſes dépendances.

LAUNAY près Paris. (Seigneurie de)

Un titre original de l'an 1654, concernant la Seigneurie de Launay près Paris.

LAUTREC. (Ville de) Un titre de l'an 1639, par copie collationnée concernant la Communauté de la ville de Lautrec.

LAVAULX en Bourgogne. (Maison forte de) Un titre original de l'an 1444, concernant la Maison-forte de Lavaulx, où il est fait mention des Familles nobles de la Guerche, Lafaye, Kadrel, Montfaucon, & Messey.

L'ESCHELLE. (Seigneurie de) Acquisition originale de l'année 1626, pour la censive de cette Seigneurie.

LENHARE. (Fief de) Hommage de l'année 1599, par copie collationnée l'an 1683, rendu audit Fief.

LESPAU. (Châtellenie de) Hommage en original, rendu l'année 1639, à la Châtellenie de Lespau, pour raison de la Seigneurie des Brosses qui en releve.

LESPINAU en la Paroisse de S. Hermand. (Fief de) Bail en original de l'an 1694, du Fief de Lespinau, où l'on voit sa consistance.

LEUDEVILLE en l'Isle de France, près d'Arpajon. (Seigneurie de) Dix titres originaux des années 1613 à 1655, sçavoir des Baux emphitéotiques & des reconnoissances, y compris un contrat d'acquisition, le tout pour la censive de ladite Seigneurie.

LIENCOURT situé à Gacy-le-Grand, près Senlis en Picardie. (Fief de) Contrat original de l'an 1618, contenant acquisition d'héritages pour la censive dudit Fief.

LIERVAL près Clermont en Beauvoisis, en la Province de Picardie. (Seigneurie de) Cinq titres originaux contenant les acquisitions des années 1559 à 1573, pour la censive de cette Seigneurie.

LIESSE près Laon en Picardie. (Baronnie de) Etat au vrai en original fait présenté l'an 1670, de la recette & dépense, tant en bois qu'en argent, de l'administration de l'ordinaire des bois des Seigneuries ou Baronnie de Liesse & Marchais, & un Bail par copie en forme probante, passé l'année 1669, de la Baronnie de Liesse & Marchais, où l'on voit sa consistance.

LIESSE. (Seigneurie & Habitans de) Copie sans signature de l'an 1560, de la transaction faite entre le Seigneur & les Habitans de Liesse, touchant les usages dans les marais de cette Seigneurie.

LIGNY (Comté de) en Barois. Six titres originaux des années 1624 à 1644 & 1704, contenant plusieurs beaux droits de justice & nomination d'Offices appartenans au Seigneur de Ligny, à cause de son Comté.

LIGNY-LE-CHASTEL. (Seigneurie

de) Un titre original de l'an 1499, concernant cette Seigneurie.

LISLE-BOUCHARD. (Baronnie de) Un titre original de l'an 1676, concernant cette Baronnie.

LILLETTE. (Seigneurie de) Bail en original de l'an 1612, de cette Seigneurie, où l'on voit sa consistance.

LISLY. (Fief de) Copie en forme probante, d'un titre concernant ce Fief.

LYON. (Ville de) Lettres Royaux de l'an 1626, concernant le Fief de Bellecourt situé en la ville de Lyon, & copie du temps même des Lettres Royaux, & qui n'est pas signée.

LYON. (Ville de) Deux manuscrits écrits en 1623, & contenant les noms & surnoms des Prévôts des Marchands & des Echevins de cette Ville, depuis l'an 1294 jusqu'en 1623.

LOGRON au pays Chartrain. (Seigneurie de) Un cahier contenant la copie en forme probante de deux Baux emphitéotiques de l'an 1666, faits par le Seigneur de Logron, pour la censive de cette Seigneurie.

LONGPAON en Normandie. (Seigneurie de) Trois titres originaux des années 1595 & 1610, concernant cette Seigneurie.

LOUGNE ou LOIGNE. (Châtellenie de) Aveu ou déclaration en original de l'an 1565, rendu à la Châtellenie de Lougne.

LOURDOUER en la Haute-Marche. (Seigneurie de) Fragment en original du Terrier de cette Seigneurie, où l'on trouve plusieurs titres depuis l'an 1566 en forme probante.

LOURDOUER. Bail emphitéotique par grosse originale fait l'an 1659, d'une place pour bâtir une Maison moyennant le cens annuel & perpétuel d'une poule, & deux boisseaux d'avoine payables à cette Seigneurie.

LOUVERGNY. (Seigneurie de) Déclaration en original faite l'an 1643 à cette Seigneurie, par les Religieux & le Prieur de la Maison de Notre-Dame des Près-lez-Louvergny, pour raison des héritages & cens appartenans à leur Prieuré, & pour lesquels il est dû à ladite Seigneurie la rente annuelle de trois livres & de six poules.

LUYNES. (Duché de) Deux titres originaux, sçavoir, un hommage de l'an 1621, rendu au Duché de Luynes, pour raison de la Seigneurie de Beauvais, & une Lettre de rachat de la même année, à charge de faire hommage audit Duché, pour raison de ladite Seigneurie.

LURCINS. (Hôtel-Dieu de) Un titre original de l'an 1616, concernant l'Hôtel-Dieu de Lurcins.

LUSSAC en Poitou. (Seigneurie & Châtellenie de) Trois titres originaux, sçavoir, un dénombrement de l'an 1490, rendu à la Seigneurie de Lussac, pour raison de la Seigneurie d'Asnieres ; un titre de l'an 1549, qui justifie que la Seigneurie de Sillars releve de la Chatellenie & Seigneurie de Lussac : & un Contrat de l'an 1602, portant acquisition de plusieurs rentes féodales dans le Village de Gelusses, tenues à hommage & en arriere-fief de ladite Châtellenie & Seigneurie de Lussac.

LUSSAULT en la Paroisse de S. Calais au pays du Maine. (Seigneurie de) Acquisition en original de l'an *1656*, de cette Seigneurie, où l'on voit sa consistance, & qu'elle releve de la Seigneurie de la Trousserie.

LUSERET. (Seigneurie de) Acte original de l'an 1610, portant offre à la Seigneurie de Luseret, du dénombrement de celle de Chaselet qui en releve.

M.

MACY ou MASSY. (Baronnie de) Trois titres originaux des années 1573, 1589 & 1598, contenant échanges & acquisitions d'héritages en terre en la censive de cette Baronnie.

MACONNOIS. (Greffe du Bailliage & Présidial du Maconnois). Arrêt en original du Conseil privé du Roi, rendu l'an 1647, en faveur du propriétaire des Greffes du Maconnois, contre les Syndics & Echevins de la ville de Marcigny en Maconnois.

MAS-D'AGENOIS. (Ville du) Quatre titres originaux de l'année 1722, concernant cette Ville.

MAFLÉE en l'Isle de France, près Beaumont sur Oise, (Baronnie de) Contrat original de l'an 1656, contenant acquisition d'héritages en la censive de cette Baronnie.

MAIGNAUVILLE en Dunois. (Seigneurie de) Un titre original de l'an 1549, portant réception à foi & hommage de plusieurs héritages en la censive de cette Seigneurie.

MAIGNELAY dit HALWIN en Picardie. (Seigneurie de) Sentence par copie en forme probante de l'an 1675, concernant cette Seigneurie.

MAIGNEUX en Picardie. (Seigneurie de) Trois titres originaux, dont deux des années 1626 & 1665, & un bail de l'an 1644 de cette Seigneurie, où l'on voit sa consistance & ses dépendances.

MAIGNEUX en Picardie. (Marquisat de) Quatre Baux dont l'un est original & les trois autres par copies du même temps, sans signatures, des années 1681 & 1690, de la petite Ferme de ce Marquisat,

MAILLÉ en Poitou. (Seigneurie de) Deux titres originaux, dont une procuration de l'an 1479, donnée par le Curé de la Payrate, à l'effet de rendre hommage à la Seigneurie de Maillé, pour raiſon de certains domaines appartenans à ladite Cure, & étant de la mouvance de cette Seigneurie, & un titre de l'an 1529, contenant acquiſition d'un grand nombre d'héritages ſitués près la ville de S. Maixant, à condition de les tenir à hommages de ladite Seigneurie, au devoir de deux ſols ſix deniers d'aides, payables à cette même Seigneurie.

MAILLERAYE. (Seigneurie de la) Etat de tous les poſſeſſeurs de cette Seigneurie, depuis l'an 1332 juſqu'en l'année 1698.

MAISELANT en Beauce. (Seigneurie de) Bail emphitéotique en original, de l'an 1620, d'un quartier de terre ſitué au territoire de Maiſelant, au lieu dit la Couture, ſous le cens annuel & perpétuel de quinze deniers tournois, & la rente de 30 ſols payables chaque année à cette Seigneurie.

MAINFREZE au Perche. (Seigneurie de) Trois titres originaux, dont un dénombrement de l'an 1570, rendu à cette Seigneurie, pour raiſon du Fief de la Taille qui en releve, & deux hommages, dont l'un de l'an 1550, & l'autre de l'an 1570, rendus à la même Seigneurie, pour raison dudit Fief.

MAISNIERES en Picardie. (Châtellenie de) Trois reconnoissance en original des années 1624, 1626 & 1628, faites à cette Châtellenie, pour raison des terres situées au territoire de Tilloy, & ailleurs, sous les cens spécifiés.

MAISON-NEUVE. (Seigneurie de) Deux titres originaux, dont un Bail emphitéotique de l'an 1507, de 13 arpens de terre situés au territoire de cette Seigneurie, Paroisse de Coulomiers, sous le cens annuel & perpétuel de 4 deniers tournois, & sous la rente de 20 deniers tournois, payables à la Seigneurie de Maisonneuve, & une reconnoissance de l'an 1515 audit Seigneur, pour raison des objets cy-dessus, avec énonciation que lesdits cens & rentes seront rachetables.

MAISON-ROUGE à Mons en l'Isle de France. (Fief de) Reconnoissance originale de l'an 1556, faite à ce Fief pour raison de divers héritages qui en relevent.

MALICORNE. (Seigneurie de) Trois titres originaux de l'an 1553, contenant acquisition de divers héritages en la censive de cette Seigneurie.

MANNEVILLE. (Marquisat de) Trois aveux & dénombremens en original de l'an 1632 à 1667, rendus à ce Marquisat.

MANTE. (Religieux Célestins de la

Ville de) Dix titres originaux de 1591 à 1611, pour la censive desdits Religieux,

MANTE en Beauce. Un rouleau en parchemin de l'an 1300, lequel contient l'état du revenu des acquits de l'arche du pont de *Mante*.

MARCHAIS. (Baronnie de Marchais & Liesse, située près la ville de Laon en Picardie) Bail par copie en forme probante, fait l'an 1669, où l'on voit la consistance de cette Baronnie.

MARCHAIS. (Seigneurie de) Transaction en original de l'an 1560, faite entre le Seigneur & les Habitans de la Seigneurie de Marchais, touchant les usages des marais de ladite Seigneurie.

MARCHE-DE-CHALANDRAY. (Seigneurie de la) Hommage en original de l'an 1429, rendu à la terre de la Marche-de-Chalandray, pour raison de la masure appellée la Fourcherie, & pour raison du lieu de Sariser.

MARCONNAIS. (Seigneurie de) Un hommage en original de l'an 1573, rendu à cette Seigneurie.

MAREY. (Seigneurie de) Acquisition originale de l'an 1576, d'héritages en la censive de cette Seigneurie.

MAREGNY. (Seigneurie de) Un titre original de l'an 1602, très-intéressant pour cette Seigneurie.

MARENPUIS. (Seigneurie & Bailliage

de) Deux Arrêts en original du Parlement de Paris, des années 1520 & 1521, concernant cette Seigneurie & Bailliage.

MARESCOT. (Fief de) Quatre titres, dont trois originaux des années 1638 à 1679, concernant ce Fief.

MARETZ en Beauvoisis. (Seigneurie de) Un titre original de l'an 1593, pour la censive de cette Seigneurie.

MARGAILLERAYE. *Voyez à Saint-Jon.*

MARGINAL. Contrat en original de l'an 1456, contenant l'aliénation d'un Fief situé à Marginal, & relevant de la Seigneurie de Marginal, dans lequel contrat l'acquéreur dudit Fief en rend hommage au Seigneur de Marginal.

MARIE. (Fief de la) Voyez à Fourdrimoy.

MARIET. (Baronnie de) Hommages en original de l'an 1560, rendus à la Baronnie de Mariet, pour raison du Fief de la Vest.

MARIGNY. (Seigneurie de) Une déclaration de l'an 1540, faite à cette Seigneurie.

MARIGNY. (Baronnie de) Sentence originale de l'an 1489, portant envoi en possession des revenus de la Baronnie de Marigny, attendu le dénombrement qui en avoit été rendu en sa Chambre des Comptes à Paris.

MARINAS en Beauce. (Seigneurie de) Contrat original de l'an 1611, contenant l'échange d'une maison située en la ville de Chartres, étant en la censive de cette Seigneurie.

MARINE. (Seigneurie de) Quatre piéces, dont un seul titre original de l'an 1600, qui prouvent que le Fief de la Folie releve de cette Seigneurie.

MARIVAUT en Vexin. (Seigneurie de) Cette Seigneurie releve de celle de Neully; voyez à Neully un titre par copie non signée de l'an 1612.

MARLY. (Seigneurie de) Sentence de l'an 1535 sans signature, mais de l'écriture du tems même, concernant la Seigneurie de Marly.

MAROSSAN en Languedoc. (Seigneurie & Château de) Un titre original de l'an 1288, pour la censive de cette Seigneurie & Château, & un acte d'inféodation en date des Ides d'Octobre 1337, fait par le Seigneur du Château de Marossan, de plusieurs piéces de terre situées dans son territoire, sous le cens annuel & perpétuel spécifié audit titre, tant en grains qu'en poules, aussi mentionné audit titre.

L'Auteur dans son Recueil de titres du Lauguedoc, en a un grand nombre, tous du 14 siécle, concernant Marossan.

MARTHON en Angoumois (Châtellenie, Seigneurie & Baronnie de) Hommage, aveu & dénombrement de l'an 1486, rendus à la Seigneurie de Marthon, à cause du Château de Marthon, pour raiſon de diverſes choſes qui en relevent.

Hommage en original de l'an 1644, rendu à ladite Seigneurie ou Baronnie, pour Salomon Chapiteau, Ecuyer, Sieur de Reſmondras, pour raiſon de ce qu'il tient en Fief de ladite Châtellenie.

Dénombrement de l'an 1646, rendu à la Baronnie de Marthon, pour raiſon des Villages qui en relevent, ſçavoir, la Richardiere, le Maine & le Breuil.

MARVILLE. (domaine de) Trois piéces, ſçavoir l'état, & un mémoire contenant la conſiſtance du domaine de Marville, & une déclaration des droits & privileges de cette ville.

MASSY ou MACY. (Baronnie de) Huit titres originaux, dont un de l'an 1593, contenant ſouffrance d'aveu, par le Baron de Maſſy, au Seigneur d'Amblainvilliers, à charge par lui de donner hommage à la Baronnie de Maſſy, de la Seigneurie d'Amblainvilliers qui en releve.

Deux Sentences des années 1606 & 1631, dont l'une adjuge à la Fabrique de l'Egliſe Paroiſſiale de Maſſy, une maſure, 21 arpens de terre labourables en pluſieurs piéces, cent ſols de cens & rentes en fief, uſages, marais, pâturages, franchiſes, communes, & autres droits, à charge que ladite Fabrique feroit bâtir une maison sur ladite masure, pour coucher & retirer les pauvres.

L'autre Sentence de l'an 1631, ordonne que ladite Fabrique jouira de la masure de l'Hôtel-Dieu de Massy, des 21 arpens de terre ci-dessus, ainsi que desdits cens & rentes, & fiefs, &c.

Cinq titres originaux des années 1596 à 1619, contenant acquisitions d'héritages pour la censive de ladite Baronnie.

MAUGNY-LESSART près Montfort-Lamaury. (Seigneurie de) Reconnoissance originale de l'an 1514, pour raison d'une maison, grange & héritage, le tout contenant quinze arpens situés près Gombarville & la Boesliere, & dont les confins sont spécifiés, le tout étant en la censive de la Seigneurie de Maugny-Lessart, sous le cens de quinze deniers parisis par chaque arpent.

MAUGUERAY. (Seigneurie de) Vidimus en original de l'an 1681, d'un dénombrement de l'an 1515, rendu par la famille noble de Parent à la Seigneurie de Maugueray, pour raison d'un grand nombre d'héritages tenus noblement de ladite Seigneurie, sous les rentes & devoirs dûs à ladite Seigneurie, spécifiés dans le titre, ainsi que le local, la consistance & les confins desdits héritages.

MAUREPAS. (Baronnie de) Un titre de l'an 1659, contenant l'arpentage d'une piéce de terre étant en la censive de cette Baronnie.

MEIGNEUX. (Seigneurie de) Vingt titres originaux, dont onze des années 1645 à 1661, concernant cette Seigneurie. Deux Sentences de l'an 1668, rendues pour la censive de cette Seigneurie, & sept Baux des années 1609 à 1675, dont quatre du domaine de ladite Seigneurie, où l'on voit sa consistance & ses dépendances, & trois de la petite ferme dépendante de la même Seigneurie.

MESLEVILLE. (Seigneurie de) Un titre imprimé de l'an 1690, concernant l'adjudication par décret de cette Seigneurie, & où l'on voit sa consistance & ses dépendances.

MELLO en Picardie. (Baronnie & Châtellenie de la ville de) Un titre original de l'an 1510, qui prouve que le Baron de Mello a le droit de nommer en l'Office de Prévôt-Garde de la Ville, Justice, Seigneurie & Châtellenie de la Ville de Mello.

MESNE en Berry. (Seigneurie de) Reconnoissance originale de l'an 1615, faite à la Seigneurie de Mesne, pour raison de plusieurs héritages en la censive de cette Seigneurie.

MESNIL-AU-CAUF en Normandie.

(Seigneurie du) Trois titres originaux dont deux de l'an 1512, qui prouvent qu'il est dû à la Seigneurie du Mesnil-au-Cauf, des cens & rentes sur une vavassorie situé à Haliquerville, & un Contrat de l'an 1544, portant acquisition de divers héritages en la censive de cette Seigneurie.

MESNIL-SOUS VERGNELIEVRE en Normandie. (Seigneurie du) Deux titres originaux, sçavoir, un hommage de l'an 1577 rendu à cette Seigneurie, pour raison de celle du Coudray, & une Sentence de l'an 1576, qui déclare que la Seigneurie du Coudray releve de celle du Mesnil-sous-Vergnelievre.

MENOU en Picardie. (Seigneurie de) Saisie féodale en original de l'an 1570, du Fief Jean-de-Seine, faute de n'avoir rendu les devoirs à la Seigneurie de Menou.

MERRY. (Seigneurie de) Trois titres originaux, dont une transaction de l'an 1478, d'entre le Seigneur de Merry & le Chapitre de la Chapelle Royale du Château de Vincennes, Seigneur de Valence, par lequel il est permis aux Habitans de Valence de bâtir un pont, à la charge qu'il y auroit une forte barriere pour empêcher les étrangers d'y passer, dans la crainte de nuire au péage du pont de Merry, & une acquisition de l'an 1539, d'héritages en la censive de cette Seigneurie, & une copie collationnée en l'an 1613, d'un titre de l'an 1407, concernant les Offices de ladite Seigneurie.

MERZE. Voyez à Cluni un titre de 1459.

MESSY. (Seigneurie de) Deux titres originaux des années 1385 & 1565, concernant cette Seigneurie.

MEYSONNAS. (Seigneurie de) Aveu & reconnoissance de l'an 1556 à la Seigneurie de Meysonnas, pour raison d'une maison & autres héritages qui en relevent.

MEULLERS en Normandie.) Seigneurie de.) Cinq aveux & dénombremens en originaux des années 1626 à 1692, rendus à cette Seigneurie.

MIGNAUX. (Seigneurie de) Contrat d'acquisition en original de l'an 1569, pour la censive de cette Seigneurie.

MIGNONVILLE. (Fief de) Ce Fief releve de la Châtellenie de Brausse; voyez à Brausse un dénombrement de l'an 1664.

MIRECOURT. (Seigneurie de) Arrêt du Conseil d'Etat de l'an 1693, par copie ancienne collationnée, concernant cette Seigneurie.

MISSE en Poitou. (Seigneurie de) Grosse originale du Bail fait l'an 1599 de cette Seigneurie & de celle de Nibleres, où l'on voit leurs dépendances.

MISERÉ en Normandie. (Seigneurie de) Trois titres originaux dont deux des années 1460 & 1467, pour la censive de cette Seigneurie, & un bail de l'an 1611 fait de ladite Seigneurie, où l'on voit sa consistance.

MISERY. (Fief & Seigneurie de) Dénombrement original de l'an 1612, rendu à la Baronnie d'Emery, pour raison du Fief de Misery, dans lequel on voit toute la consistance dudit Fief & Seigneurie.

MOIGNY en Gatinois. (Seigneurie de) Dénombrement original de l'an 1377, de la Seigneurie de Moigny rendu à celle de Courances, de laquelle celle de Moigny releve, & huit titres originaux, reconnoissances, Baux emphitéotiques, sentences & autres titres, tous pour la censive de cette Seigneurie, & pour la censive du Fief de Bouron, du Fief de Taurou & autres Fiefs situés dans la Seigneurie de Moigny.

MOISSON en Normandie. (Fief noble de) Trois titres originaux, sçavoir l'acquisition faite l'an 1675 du nombre de 2 acres & demi de terre labourable en la censive dudit Fief; une sentence de l'an 1682, portant envoi en possession desdites terres; & un aveu & dénombrement de l'an 1682 faits audit Fief, pour raison des mêmes terres & héritages.

MONBERTHOIN près Château-Thierry. (Seigneurie de) Un titre original de l'an 1600, contenant acquisition d'héritages en la censive de cette Seigneurie.

MONCHEVRIER. (Châtellenie de) Un titre de l'an 1627, par copie collationnée en 1679, très-intéressant pour cette Châtellenie.

MONCY-LE-CHATEL. (censive du Chapitre de l'Eglise Collégiale de Notre-Dame de Moncy-le-Chastel en Picardie, Bailliage de Senlis, & près Laon.) Trois titres originaux des années 1557 à 1574, contenant des acquisitions & échanges de plusieurs héritages en la censive dudit Chapitre.

MONCOUPET en Brie. (Habitans du lieu de) Sentence originale de l'an 1411, en faveur des Habitans de Moncoupet, contre ceux de Montmirail.

MONT-GEORGES. (Comté de) La Seigneurie de la Guyonniere en releve; transaction en original de l'an 1703, qui prouve la mouvance ci-dessus, & qui prouve aussi plusieurs cens & rentes dus audit Comté, sur les terres spécifiées en la transaction.

MONT-GIMONT. (Seigneurie de) Voyez à Andreselle un aveu & dénombrement faits l'an 1561, de la Seigneurie de Mont-Gimont.

MONT-GOUBERT. (Seigneurie de) Bail emphitéotique en original de l'an 1536, d'une maison & jardin situés à Mont-Goubert, sous les cens annuels & perpétuels exprimés en l'acte, & une vente en original de l'an 1536, d'une piéce de terre située sur la montagne de Mont-Goubert, & dont les confins sont désignés, sous la charge de payer à ladite Seigneurie à perpétuité le cens annuel de 3 sols parisis affectés sur ladite terre.

MONT-JAY en l'Isle de France. (Baronnie de) Dix titres originaux, sçavoir quatre hommages des années 1514 à 1661, dont les trois premiers par copie collationnée l'an 1579, rendus à la Baronnie de Mont-jay, pour raison des Fiefs de Souilly, Voisins, Gombault & Vilaines, qui en relevent. Deux dénombremens, dont l'un de l'an 1547 par copie sans signature, mais du tems même, & l'autre de 1642, rendus à ladite Baronnie à cause desdits Fiefs, & quatre titres des années 1405 à 1638, concernant cette même Baronnie.

MONJOU en Nivernois. (Seigneurie de) Quatorze titres originaux des années 1488 à 1519, qui sont Baux emphitéotiques, ventes, transactions & échanges, à titre de bourdelage ou de cens d'une partie de la Seigneurie de Monjou, & divers héritages dont la nature, le local, la contenance & les confins sont spécifiés, le tout en la censive de ladite Seigneurie, sous les cens à bourdelage, tailles & rentes payables chaque année & à perpétuité à ladite Seigneurie.

MONTMIRAIL. (Seigneurie de) Acquisition originale de l'an 1581, d'héritages pour la censive de cette Seigneurie.

MONTMIREL en Brie. (Baronnie de) Six titres originaux des années 1583 à 1689, dont il y a trois Baux concernant cette Baronnie, où l'on voit sa consistance & ses dépendances.

Un Registre contenant la consistance du revenu d'une Seigneurie du même nom, qui a appartenu à M. le Marquis de Louvois.

MONTPELLIER. (Ville de) Etat en original de l'an 1695, de la recette des droits d'amortissement faite au Bureau général de cette ville.

MONTPEZAT en Languedoc. (Seigneurie de) Saisie féodale par copie juridique en forme probante de l'an 1671, de plusieurs héritages à défaut de payement des cens dûs à la Seigneurie de Montpezat, & pour dépens à la poursuite desdits cens.

MONTAGUILLON. (Seigneurie de) Treize titres originaux, dont neuf des années 1592 à 1660, contenant acquisitions d'héritages en la censive de cette Seigneurie; deux déclarations des années 1641 & 1649, des héritages situés au Village de Fontaine en la censive de ladite Seigneurie; un contrat de vente de l'an 1657, de sept arpens & trois quartiers de terre en plusieurs piéces en ladite censive, & un Bail judiciaire de l'an 1700, d'un grand nombre d'héritages étant aussi en la censive de cette même Seigneurie.

MONT-AU-ROUX en Normandie. (Seigneurie de) Bail emphitéotique en original de l'an 1466, de deux piéces de terre situées en la Paroisse d'Alemmare, & dont les consins sont spécifiés étant en la censive de cette Seigneurie.

MONTEBISE. (Seigneurie de) Bail emphitéotique de l'an 1607, de maisons & terres dont les consins sont spécifiés sous la censive de cette Seigneurie.

MONT-HELIAN. (Seigneurie de) Acquisition originale de l'an 1649, d'héritages pour la censive de cette Seigneurie.

MONTILS. (Seigneurie de) Contrat d'acquisition en original de l'an 1652, pour la censive de cette Seigneurie.

MONTRESOR. (Comté de) Aveu & dénombrement en original de l'an 1650, rendus à ce Comté pour raison de la Châtellenie, Fief, Terre & Seigneurie de Biard qui en relevent.

MONTREUIL. (Seigneurie de) Deux titres originaux, dont un contrat d'acquisition de l'an 1517 pour la censive de cette Seigneurie, & une reconnoissance de l'an 1606, faite à ladite Seigneurie pour raison d'un demi arpent de terre situé à Montreuil, & dont les consins sont spécifiés sous le cens de 8 sols parisis dûs à ladite Seigneurie.

Une reconnoissance en original de l'an 1670, faite en faveur de la Fabrique de l'Eglise S. Pierre & S. Paul de Montreuil, pour raison de plusieurs piéces d'héritages tant en vigne qu'en prés, sous la rente annuelle & perpétuelle de 16 liv. 13 sols 4 d. tournois.

MONTREUIL-BONNIN en Poitou. (Châtellenie de) Deux actes d'inféodation en original de l'an 1677, faits par le Seigneur de cette Châtellenie à deux particuliers, de deux piéces de terre sous les cens & rentes de chapons & argent, payables chaque année & à perpétuité à ladite Châtellenie.

MONTRIBOULT en Bourgogne. (Baronnie de) Arrêt du Conseil d'Etat par copie collationnée de l'an 1645, concernant cette Baronnie.

MORLAIX en Bretagne. (Ville de) Un cahier en original contenant les privileges accordés aux Boulangers de cette ville en l'aneée 1640, vérifiés en Parlement l'année 1641, & contenant aussi leurs sttatuts & Réglemens.

MORTAING. Un titre original de l'an 1573, concernant les Religieuses du Neufbourg de Mortaing.

MORTEMER en Poitou. (Baronnie de) Deux titres originaux dont une transaction de l'an 1487, pour raison d'un droit de terrage étant en la Paroisse de la Chapelle, & appartenant à cette Baronnie, & un Contrat de l'an 1502, contenant acquisition de douze boisseaux de froment de rente en faveur de ladite Baronnie.

MOTTE-SAINT-JEAN. (Baronnie de la) Deux titres originaux très-intéressans, de l'année 1487 pour cette Baronnie.

MOTTE en la Paroisse de Cuise sur la riviere d'Egne. (Seigneurie de la) Bail en original de l'an 1646, de cette Seigneurie, où l'on voit sa consistance & ses dépendances.

MOTTE-SAINT-LYE. (Seigneurie de la) Un titre original de l'an 1605, concernant cette Seigneurie.

MOTTE-SAINT-MERRY en Brie. (Seigneurie de la) Cinq titres originaux des années 1609 à 1700, concernant cette Seigneurie, où l'on voit sa consistance, & dans le titre de 1609 est un Procès-verbal contenant un cahier de 41 feuilles d'écriture, où sont rapportés 81 titres anciens de ladite Seigneurie.

MOULIGNE en Bretagne. (Seigneurie de) Huit piéces des années 1581 à 1699, dont six titres originaux, un titre par copie collationnée, & une simple copie de titre concernant cette Seigneurie.

MOULINART. Voyez à Boullaye deux dénombremens des années 1417 & 1559, pour le Chapitre de l'Eglise Collégiale de S. Pierre de Moulinart.

MOULLIN-CHAPEL en Normandie près Gisors. (Seigneurie de) Deux titres originaux de l'an 1550, contenant acquisitions d'héritages pour la censive de cette Seigneurie.

MOULIN-ROBERT. (Seigneurie de) Aveu en original de l'an 1448, fait à cette Seigneurie pour un grand nombre d'héritages étant en la censive de cette même Seigneurie.

MUSSE en Bretagne. (Seigneurie de la) Deux titres originaux de l'an 1615, un Bail emphitéotique, & un Contrat d'acquisition : il y est fait mention de la Famille noble de Pigoust.

N.

NANTEUIL-LA-FOSSE. (Seigneurie de) Quatre dénombremens en originaux de l'an 1561 à 1596, rendus à cette Seigneurie.

NAUCEL en Picardie. (Seigneurie de) Voyez à Orcamp un titre original de 1523, où il s'agit de certains droits de cette Seigneurie.

NAUDIERES en Bretagne, relevans de la Seigneurie de Laudronieres. (Fief des) Censier original fait l'an 1600, de ce Fief.

NÉAUFLE. (Seigneurie de) Aveu en original de l'an 1727, rendu à cette Seigneurie pour raison de plusieurs héritages en la censive de cette Seigneurie.

NEUILLY-SUR-MARNE. Délibération en original de l'an 1694, des Habitans de Neuilly, qui prétendoient que les Habitans & le Chapitre de Saint Maur comme gros décimateurs, étoient obligés aux réparations du chœur de l'Eglise dudit Neuilly.

NEUILLY en Vexin. (Seigneurie de) Trois Baux en original des années 1674 à 1694, des Fiefs & champarts de cette Seigneurie, & un acte par copie ancienne sans signature, de l'an 1612, portant souffrance d'aveu à la Famille noble de Lillen, pour raison de la Seigneurie de Marivaut, qui releve de celle de Neuilly.

NEUVILLE-SUR-OISE. (Seigneurie de) Bail emphitéotique en original de l'an 1562, de sept quartiers de terre en la censive de cette Seigneurie.

NIVERNOIS. (Duché de) Hommage en original de l'an 1665, rendu au Duché de Nivernois pour raison de la Seigneurie des Granges, relevant dudit Duché, à cause de la Châtellenie de Châtelneuf-sur-Allier annexée à ce Duché. Voyez à Châtelneuf & à Granges.

NOGENT-LE-ROTROU. (Comté de) en Beauce, dit Nogent-le-Bethune. Trois titres originaux, sçavoir, une transaction de l'an 1665, d'entre le Seigneur du Comté de Nogent le-Béthune & celui de Bétonvilliers, contenant que, au Comté dudit Nogent appartient la haute, moyenne & basse justice dans toute l'étendue de la Seigneurie de Bétonvilliers, & un Arrêt du Parlement de l'an 1642, concernant le même objet, & un titre de l'an 1634 contenant la réception à foi & hommage de la Seigneurie de Bétonvilliers, audit Comté de Nogent-le-Béthune.

NOYELLE. (Seigneurie de) Bail emphitéotique de l'an 1482, par expédition en forme probante de l'an 1580, d'un Fief dont le nom n'est point expliqué, relevant de la Seigneurie de Noyelle, & situé dans le Comté de Ponthieu.

NONNET. (Seigneurie du) Deux Baux emphitéotiques des années 1488 & 1508, de plusieurs arpens de terre situés au territoire du Trougnon près Marconville, sous la censive dudit Nonnet.

NON-SAUVAGE. (Seigneurie de) Un Contrat de vente par copie en forme probante en une grosse de l'an 1660, de la Seigneurie de Non-sauvage, & un autre Contrat de l'an 1660, par grosse originale, portant acquisition de ladite Seigneurie, & où l'on voit sa consistance & ses dépendances.

NOSEROY en Franche-Comté. (Seigneurie de) Un titre original de l'an 1677, contenant échange d'héritages en la censive de cette Seigneurie.

NOVION-LE-COMTE en Picardie, (Seigneurie de) Arrêt en original de l'an 1673, qui condamne les Maire & Habitans de Novion Labesse & autres, à payer à la Seigneurie de Novion-le-Comte, les cens & redevances en bled, mentionnées dans l'Arrêt.

O.

OFFEMONT. Voyez à Saint Aubin pour la censive des Religieux Célestins de Sainte Croix-les-Offemonts.

OGER. (Seigneurie d') Deux titres dont l'un est original, sçavoir un Arrêt du Conseil d'Etat du Roi de l'an 1693, par copie ancienne collationnée en forme probante, par lequel Sa Majesté ordonne que le Seigneur d'Oger, en payant la somme de 400 liv. & les deux sols par livre, jouiroit ainsi que ses successeurs, des droits attribués à l'Office de Courtier & Commissionnaire des vins, cidre, eau-de-vie & liqueurs, dans toute l'étendue de ladite Seigneurie, & une quittance en original de ladite somme de 440 livres, tant pour les finances que pour les deux sols pour livre.

OINVILLE. (Seigneurie d') Voyez à Aunay un titre de l'an 1617, concernant le droit honorifique en l'Eglise d'Aunay, pour les Seigneurs d'Oinville.

OLLAINVILLE. (Châtellenie d') Sentence en original de l'an 1598 contre un particulier, en faveur de cette Châtellenie.

OLLERON. (Baronnie d') Deux titres originaux, dont un de Lettres Royaux de l'année 1615, concernant cette Baronnie, & un Arrêt de l'an 1620, qui déclare que la Seigneurie de Bonnemie releve de la Baronnie d'Oleron, & qu'elle est tenue envers elle des devoirs anciens & accoutumés.

OSSES. (Vallée d') Acte de partage en original de l'an 1711, des maisons bâties dans cette Vallée depuis l'an 1672.

OUVILLE dans l'Orléanois. (Seigneurie de d') Hommage en original de l'an 1613, rendu à cette Seigneurie, pour raison de plusieurs terres situées à Basoches, qui en relevent.

OZOUER-LE-VOULGY en Gatinois. (Seigneurie d') Arrêt en original de l'an 1602, pour la censive d'Ozouer-le-Voulgy, appartenant aux Religieux Célestins de Marcoussy.

P.

PALME au pays de Bredenarde. (Vicomté de) Dénombrement de l'an 1680, par copie.

copie collationnée l'an 1714, rendu à cette Vicomté pour raison de plusieurs héritages qui en relevent.

PALOISEAU près Paris. (Châtellenie & Seigneurie de) Deux titres originaux des années 1598 & 1606, contenant échanges & acquisitions d'un grand nombre d'héritages en la censive de cette Seigneurie, & au pied sont les actes d'ensaisinement.

PANCE-FOLIE. (Seigneurie de) Treize titres originaux des années 1551 à 1565, contenant acquisitions d'héritages pour la censive de cette Seigneurie.

PANTIN, banlieue de Paris. (Seigneurie de) Contrat d'acquisition en original de l'an 1630, d'un demi-arpent de terre en la censive de cette Seigneurie.

PARDAILLAN. (Seigneurie de) Contrat original de l'an 1562, contenant acquisition d'une piéce de terre en la censive de cette Seigneurie.

PARIGNÉ. (Seigneurie de) Aveu de l'an 1553, rendu à la Seigneurie de Parigné pour raison de divers objets qui en relevent.

PARTHENAY en Poitou. (Seigneurie de) Transaction originale de l'an 1381, passée entre Jean Sauvage, Bourgeois de la ville de la Rochelle, d'une part, & Geoffroi Gabet, Ecuyer, Seigneur du Treilh-des-Noyers, par laquelle ledit Sauvage accepte à Bail emphitéotique une piéce de terre déserte, auparavant plantée de vignes appellée Lessolle, en la dépendance dudit Seigneur du Treilh-des-Noyers, contenant deux quartiers & demi de terre, dont les confins sont spécifiés, & s'oblige de faire planter de vignes ladite place, & d'en payer certaine rente & cens aussi spécifiés audit Ecuyer, & il s'oblige en outre de payer à Monseigneur de Parthenay la quinziéme somme de la vendange qui seroit cueillie en ladite piéce de terre, & de la faire conduire à ses propres dépens en tel endroit qu'il plairoit audit Seigneur de Parthenay.

PELOUSÉ dite autrefois PELOSÉ en Franche-Comté. (Seigneurie de) Contrat original de l'an 1656, contenant échange d'héritages en la censive de cette Seigneurie.

PENTHIEVRE. (Duché de) Etat en original de l'an 1693, du compte de la recette & dépense des deniers ou acquits provenants du revenu de la ferme de ce Duché.

PERCEY. (Seigneurie de) Hommage de l'an 1673, par copie collationnée, rendu à la Seigneurie de Percey pour raison de celle de Germigny, & une Sentence en original de l'an 1681, qui prouve que ladite Seigneurie de Germigny releve de celle de Percey.

PEYRE. (Comté de) Arrêt du Conseil d'Etat de l'an 1689, par copie collationnée concernant ce Comté.

PESSELIERE. (Seigneurie de la) Contrat en original de l'an 1585, contenant acquisition d'une piéce de terre pour la censive de cette Seigneurie.

PEZIERE. (Fief de la) Quinze titres originaux, sçavoir, un Censier fait l'an 1528, de ce Fief & des rentes d'Annet-sur-Marne dûes audit Fief. Treize titres de l'an 1555, étant des commandemens d'autorité de justice aux différents Vassaux de la Seigneurie de la Peziere, d'avoir à apporter les titres des héritages par eux possédés dans l'enceinte de la moyenne & basse Justice de ladite Seigneurie, & qui lui doivent cens, tant en argent, grains, que volailles, afin de procéder au terrier de ladite Seigneurie, en vertu de Lettres Royaux obtenues à ce sujet, & une saisie féodale de l'an 1604, faite en faveur de ladite Seigneurie ou Fief.

PICAUVILLE. (Seigneurie de) Un titre sans date dont l'écriture est devers l'an 1400, contenant la désignation de plusieurs Fiefs & héritages qui avoient été saisis, faute par les possesseurs d'iceux de n'avoir rendu les devoirs à cette Seigneurie.

PIED-DE-FER dit de JEAN-DUPUIS. (Fief de) Hommage de l'an 1622, rendu au Fief de Pied-de-Fer, pour raiſon de celui de Chaige qui en releve.

PIERRE-HEBERT. (Fief de) Acquiſition originale de l'an 1456, pour la cenſive de ce Fief.

PINGUE. (Châtellenie de) Aveu original de l'an 1610, rendu à cette Châtellenie, pour raiſon des Seigneuries de la Pleigne, de Moncouſt, & du Champt-Foreſt qui en relevent.

PISCOP. (Seigneurie de) Un titre original de l'an 1543, contenant acquiſition d'héritages en la cenſive de cette Seigneurie.

PISSY. (Seigneurie de) Aveu en original de l'an 1658, rendu à cette Seigneurie pour raiſon d'une piéce de terre en la cenſive de ladite Seigneurie.

PLAIN-CHESNE. (Seigneurie de) Deux titres originaux, ſçavoir, une déclaration de l'an 1595, faite à cette Seigneurie par les propriétaires du lieu dit la Pierre-Barriere, étant en la cenſive de ladite Seigneurie, & un titre de l'an 1612, qui prouve que le Fief de Carreau releve de la Seigneurie de Plain-Cheſne, & que le droit de rachat a été rembourſé à ladite Seigneurie.

PLESSIS-BOUCHARD près Montmorenci. Contrat original de l'an 1470, contenant un échange d'héritages ſpécifiés en l'acte, pour la Cure & la Fabrique de la Paroiſſe de Pleſſis-Bouchard.

PLESSIS-GOBERT en Picardie. (Seigneurie de) Un titre original de l'an 1597, portant l'ensaisinement de la Seigneurie de Plessis-Gobert, à la charge d'en rendre hommage & dénombrement à la Baronnie & Châtellenie de Raineval.

PLESSIS-MACÉ. (Seigneurie de) Trois titres, dont deux en original des années 1587 & 1598, & l'autre de l'an 1627, par copie collationnée en la même année, contenant acquisition de divers héritages pour la censive de cette Seigneurie.

PLESSIS-OLIVIER en Poitou. (Seigneurie de) Deux hommages en originaux des années 1431 & 1444, rendus à cette Seigneurie, pour raison de la Borderie de la Rousselinere, & de l'hébergement le Cerisier, & du terroir la Ferre-Thibaut, relevant de ladite Seigneurie.

PLESSIS-ROUGEBEC. (Seigneurie de) Quinze titres originaux, sçavoir, un Bail emphitéotique de l'an 1353, de trois piéces de vignes, dont les confins sont spécifiés, sous le cens annuel & perpétuel de 14 sols & de 3 chapons payables à ladite Seigneurie.

Onze aveux des années 1539 à 1567, faits par divers particuliers à ladite Seigneurie, pour raison de divers héritages, vignes, terres & maisons, dont le local, les noms, les confins, & les rentes dues à ladite Seigneurie sont spécifiés.

Une déclaration originale portant reconnoissance faite à ladite Seigneurie, pour raison de maisons, terres, jardins & vignes; situés au lieu dit Laillerie, & ailleurs, en la censive de ladite Seigneurie.

Un aveu & dénombrement de l'an 1567, rendus à ladite Seigneurie pour raison d'une maison, terres & vignes situées à la Pouliniere en la censive de la même Seigneurie, & un contrat d'aliénation de l'an 1581, du lieu & closerie de l'Aupinay, situé en la Paroisse de Montigné, dans lequel il est stipulé que ladite closerie est chargée du devoir de six sols, & de dix sols de cens envers ladite Seigneurie.

PLESSIER-SUR-SAINT-JUST en Picardie près Mondidier. (Seigneurie de) Trois aveux & reconnoissances en originaux des années 1576 à 1611, faits à la Seigneurie de Plessier-sur-Saint-Just, pour raison de divers héritages en la censive de cette Seigneurie.

PLEUVILLE en Angoumois. (Cure de) Bail emphitéotique en original de l'an 1568, fait d'une piéce de terre en faveur de cette Cure, à la charge de payer aux Curés à perpétuité les cens spécifiés en l'acte.

POIX. (Fief de) Trois titres des années 1400, 1447 & 1564, par copie ancienne sans signature, qui sont des hommages & dénombremens.

PONCEAU en Bretagne. (Seigneurie de) Contrat en original de l'an 1618, portant acquisition pour la censive de cette Seigneurie.

POMPONNE en l'Isle de France. (Seigneurie de) Aveu & dénombrement en original de l'an 1574, rendus à cette Seigneurie pour raison de celle de l'Hôtel de Forest qui en releve.

PONTAULT. (Seigneurie de) Deux titres par expédition en forme probante, sçavoir, un hommage de l'an 1602, rendu pour raison de la Seigneurie de Pontault à celle de Queue en Brie, & un Bail de l'an 1627, fait à celle de Pontault.

POTERIE. (Seigneurie de la) Un titre original de l'an 1544, très-intéressant pour cette Seigneurie.

POUILLY en Bourgogne. (Seigneurie de) Arrêt par copie en forme probante, du Conseil d'Etat rendu l'an 1736 au sujet de cette Seigneurie.

POULCONCQ en Bretagne. (Seigneurie de) Dénombrement en original de l'an 1680, fait par différens particuliers au Seigneur de Poulconcq, pour raison d'un grand nombre d'héritages en la censive de cette Seigneurie.

POUSSEAUX. (Seigneurie de) Deux reconnoissances des années 1616 & 1617, faites à cette Seigneurie pour raison du Rompis de Montalambert qui en releve.

POUZAUGES. (Baronnie de) Hommage original de l'an 1670, rendu à cette Baronnie pour raison de la Métairie Dupas appartenante au Prieuré de Bois-Rolland.

POUSSINEUX. (Seigneurie de) Trois titres originaux des années 1554 à 1611, sçavoir, un acte portant composition à rachat de la Seigneurie de Poussineux, & deux hommages rendus à cette Seigneurie pour raison de divers héritages qui en relevent.

PRAHET. (Châtellenie de) Bail en original de l'an 1591, de cette Châtellenie où l'on voit sa consistance & ses dépendances.

PRECY-SUR-OISE. (Seigneurie de) Trente-un titres originaux des années 1362, 1411, 1486, 1487, 1490, 1493, 1497 & 1511 à 1608, contenant trente Contrats d'échanges & d'acquisitions d'un très-grand nombre d'héritages pour la censive de cette Seigneurie, & une reconnoissance faite à ladite Seigneurie, pour raison de maisons & héritages en la censive de la même Seigneurie, sous les cens spécifiés dans les actes.

PRIE. (Seigneurie de) Bail emphitéotique de l'an 1564, par copie du temps même sans signature, de l'Etang des Augeres étant en la dépendance de cette Seigneurie, sous les cens spécifiés en l'acte.

PRINCE. (Seigneurie de) Deux aveux

& reconnoissances en originaux des années 1563 & 1565, rendus à cette Seigneurie pour raison de divers héritages qui en relevent sous les cens spécifiés en l'acte.

PROVINS. Bail emphitéotique en original de l'an 1438, fait par la Communauté des Chapelains de Notre-Dame du Val de Provins, pour raison d'une maison en la censive de ladite Communauté.

PRUNAY. (Seigneurie de) Deux titres originaux des années 1554 & 1580, portant acquisitions d'héritages pour la censive de cette Seigneurie.

PUICHEMIN en Poitou. (Seigneurie de) Hommage en original de l'an 1451, rendu à cette Seigneurie pour raison d'une borderie de terre appellée Latouche.

PUIGAREAU. (Seigneurie de) Un bail emphitéotique original de l'an 1589, de divers héritages en la censive de cette Seigneurie.

PUINORMAND en Bretagne. (Baronnie de) Arrêt original du Conseil d'Etat du Roi de l'an 1648, rendu préparatoirement, sur ce que plusieurs Gentilshommes de Bretagne prétendoient que cette Baronnie ne relevoit pas de la Couronne.

PUISEAU. (Seigneurie de) Contrat original de l'an 1595, portant acquisition de plusieurs héritages en la censive de cette Seigneurie.

PUISEUX en Picardie. (Seigneurie de)

Contrat de l'an 1667, d'une écriture ancienne sans signature, contenant l'échange de cette Seigneurie, où l'on voit sa consistance.

PUIVERD. (Seigneurie de) Un cahier par copie en forme probante de l'an 1732, de plusieurs titres de l'an 1440 & au-dessous, concernant cette Seigneurie.

PUTILLE. (Seigneurie de) Un titre de l'an 1669, contenant la *montrée* faite sur partie du domaine de cette Seigneurie, & où l'on voit sa consistance & ses dépendances.

Q.

QUANTIN-BOUTEILLER. (Fief de) Ce Fief releve du Roi à cause de sa grosse tour de la ville de Provins; voyez à Provins un hommage en original de l'an 1663.

QUATRE-MARE. (Chapelle de Saint Louis des) Deux Arrêts en originaux des années 1656 & 1659, qui condamnent les Habitans de la Paroisse de Monthaure & Hameau de Sirouville, & des villages de Vreville, Lahaye & Malherbe, à payer certaines rentes & cens spécifiés à ladite Chapelle de Saint Louis des Quatre mare.

QUEUE en Brie. (Seigneurie de la) Hommage en original de l'an 1624, rendu à cette Seigneurie pour raison du Fief de Pontault.

QUINTIN en Bretagne. (Comté de) Acte sans signature de l'an 1681, en explication des contrats de vente de la terre de Quintin & Pommerit.

R.

RENEISSONS en Bourgogne. (Châtellenie de) Un titre original de l'an 1626, concernant cette Châtellenie.

RETHELOIS. (Duché de) Quatre titres, sçavoir, une saisie féodale en original de l'an 1644, de la Seigneurie du Moulin Waroux, faute de n'avoir rendu hommage à ce Duché, & trois autres titres par copies anciennes collationnées des années 1698 à 1699, concernant le même Duché.

RIVIERE. (Seigneurie de la) Six titres originaux des années 1509 à 1557, contenant des reconnoissances & des contrats d'acquisitions d'héritages pour la censive de cette Seigneurie.

RIVIERE, situé en la ville de Bray. (Fief de la) Voyez à Baudemont un aveu & dénombrement original de l'an 1565.

ROCHES en Champagne. (Baronnie des) Compte en forme probante rendu l'an 1674, du Bail & des recettes & dépenses pour les années 1671, 72 & 73 de cette Baronnie.

ROCHE-CORBON en Touraine. (Seigneurie de) Un titre original de l'an 1338, concernant la censive de cette Seigneurie.

ROCHE-FATON en Poitou. (Seigneurie de la) Un titre original de l'an 1356, très-intéressant pour la censive de cette Seigneurie.

ROCHELLE. (Ville de la) Un titre par grosse originale de l'an 1667, concernant cette ville.

ROMAINVILLE. (Seigneurie de) Un titre original de l'an 1633, concernant cette Seigneurie.

ROMEFORT. (Seigneurie de) Elle releve de la Châtellenie de Cors. Voyez à Cors un dénombrement de l'an 1351, & un hommage de l'an 1545.

ROMERY. (Seigneurie de) Une piéce de procédure en original très-intéressante de l'an 1700, concernant cette Seigneurie.

ROMPEROUX. (Seigneurie de) Bail en original de l'an 1657, de cette Seigneurie, où l'on voit sa consistance.

ROSNAY. (Comté de) Bail de l'an 1687, par copie ancienne collationnée de ce Comté, & où l'on voit sa consistance.

RONDON. (Seigneurie de) Vente de l'an 1525, en original, de maisons, terres, bois, vignes, moulins, cens, rentes, dixmes, & autres choses faisant partie de cette Seigneurie.

ROSVERN en Bretagne. (Seigneurie de) Bail emphitéotique en original de l'an 1660, fait par François de Peufentengo, Ecuyer, & par Demoiselle Guillemette de Quéranou, Dame de Rosvern, de l'emplacement d'un Moulin & de terres y contigues, à la charge de construire un moulin, sous la rente annuelle & perpétuelle de cinquante-quatre livres tournois & de six chapons.

ROTERY en Bourgogne. (Seigneurie de la) Contrat en original de l'an 1549, portant constitution de la rente annuelle de quatre livres cinq sols parisis, assignés sur plusieurs héritages mentionnés en l'acte, & payables à perpétuité à ladite Seigneurie.

ROUCHEVILLE. (Vicomté de) Un titre original de l'an 1594, qui prouve que les Vicomtes de Roucheville à cause de leur Vicomté, ont le droit de présentation du Doyen dans les Eglises paroissiales de S. Etienne & de Sainte Catherine de Honfleur, Diocése de Lisieux.

ROUELLE en Bourgogne. (Seigneurie de) Un titre original de l'an 1684, pour l'adjudication de cette Seigneurie.

ROUGEMONT. (Seigneurie de) Un hommage en original de l'an 1655, rendu à la Seigneurie de Rougemont pour raison de celle de Frenay qui en releve.

ROUGEROLLES près Clermont en Beauvoisis en Picardie. (Seigneurie de) Contrat original de l'an 1562, contenant l'échange de plusieurs héritages en la censive de cette Seigneurie.

ROUILLARDIERES en Bretagne. (Seigneurie des) Un titre original de l'an 1680, concernant cette Seigneurie.

ROULEBOISE. (Fief de) Etat manuscrit sans signature de l'an 1658, de la consistance de ce Fief.

ROUXIERES dans l'Orléanois. (Seigneurie de la) Saisie féodale de l'an 1601, par copie collationnée faite de plusieurs héritages situés en la Paroisse de Masdie, dépendante du lieu de Latingy & ailleurs, faute par les propriétaires desdits héritages d'avoir satisfait aux devoirs de ladite Seigneurie.

S.

SABARDIE. (Fief de) Acquisition en original de l'an 1475, d'héritages pour la censive de ce Fief.

SAILLY-LE-BRAY. (Seigneurie de) Bail emphitéotique de l'an 1557, d'un Fief situé à Morlay & relevant de cette Seigneurie.

SAINT-ARE. (Château de) Un titre original de l'an 1601, portant ensaisinement de plusieurs héritages en la censive dudit Château.

SAINT-AUBIN-REMESCOURT. (Seigneurie de) Sept titres dont six originaux de l'année 1595 à 1685, & l'autre par copie ancienne sans signature, contenant reconnoissances & contrats d'acquisitions pour la censive de cette Seigneurie, appartenant au Prieuré de Sainte-Croix-lez-Offemont.

SAINT-BLANDIN. (Seigneurie de) Un titre original de l'an 1655.

SAINT-BRANCHET. (Seigneurie de) Quatre titres originaux des années 1474, 1551 à 1580.

SAINT-BRIEUX. (Ville de) Lettres Royaux sur parchemin données en l'année 1659, touchant le réglement des Juges des Regaires de cette Ville, pour lequel objet il y avoit contestation entre l'Evêque de Saint-Brieux d'une part, & le Sénéchal & les Officiers de la Sénéchaussée de l'autre.

SAINT-CLÉMENT. (Seigneurie de) Deux titres de 1680 & 81, l'un original, l'autre en forme probante.

SAINTE-EULALIE. (Seigneurie de) Contrat de l'an 1665, par copie collationnée l'an 1682, contenant le Bail par arrentement de tous les revenus & rentes de cette Seigneurie, & où l'on voit sa consistance.

SAINT-FULGENT. (Châtellenie de) Hommage en original de l'an 1668, rendu à cette Châtellenie.

SAINT-GENIÉ. (Seigneurie de) Six titres originaux, sçavoir, un dénombrement de l'an 1469, & cinq hommages des années 1517 à 1573, rendus à cette Seigneurie pour raison des Fiefs de Lavert, Baritaut & autres.

SAINT-GLAIRE-LES-DOMARCQ. (Fief de) Ce Fief releve de l'Abbaye de Saint Martin-aux-Jumeaux en la ville d'Amiens. Voyez à Amiens un dénombrement de l'an 1507, par copie du temps même.

SAINT-HILAIRE-SUR-EVRE. (Seigneurie de) Lettres Patentes en original, du Roi Louis le Grand, données l'an 1648, touchant les droits de cette Seigneurie appartenant au Chapitre de l'Eglise Cathédrale de Tours.

SAINT-YON en l'Isle de France. (Baronnie de) Quatre titres originaux des années 1608 à 1626, contenant acquisition d'une partie du Fief de Marival, & de plusieurs héritages pour la censive de cette Baronnie sous les cens spécifiés; souffrance d'aveu à cause de minorité, pour raison du Fief de la Margaillerie qui en releve, & un hommage rendu à ladite Baronnie pour raison dudit Fief.

SAINT-LAURENT DE LANGEAIS en Anjou. (Seigneurie de.) Un titre original de l'an 1551.

SAINT-LAZARE de Jérusalem & du Mont-Carmel. (Ordre de) Sept titres des années 1511 à 1694, dont trois en originaux & quatre par copies en forme probante & juridique concernant cet Ordre.

SAINT-LEU près Montmorency. (Seigneurie de) Deux titres originaux des années 1456 & 1477, sçavoir un Contrat d'acquisition pour la censive de cette Seigneurie, & une Sentence qui condamne le Propriétaire de l'Hôtel & du jardin presbytéral du lieu de Dueil à payer à ladite Seigneurie les cens spécifiés en ladite Sentence.

SAINT-MANDÉ. (Seigneurie de) Un titre original de l'an 1541.

SAINT-MARC en Limousin. (Seigneurie de) Un titre original de l'an 1531.

SAINTE-MARIE. (Fief de) Ce Fief releve de la Seigneurie de la Forest. Voyez à Forest un hommage de l'an 1601.

SAINT-MÉDARD dépendant de l'Abbaye de Cluni. (Prieuré de) Transaction en forme probante de l'an 1649, pour des conventions très-avantageuses spécifiées pour la censive de ce Prieuré.

SAINT-MEGRIN. (Seigneurie de) Arrêt du Grand Conseil du Roi en original de l'an 1612, pour la vente de la terre & Seigneurie de Saint-Mégrin.

SAINT-OUEN-DU-BREUIL en Normandie. (Seigneurie de) Aveu & dénombrement en original, mais sans date, rendus à cette Seigneurie.

SAINT-PAUL DE LÉON en Bretagne.

(Ville de) Copie collationnée l'an 1669, de Lettres Patentes de l'an 1668, en faveur des Bourgeois & Habitans de cette Ville.

SAINT-PERAVY. (Seigneurie de) Hommage en original de l'an 1462, rendu à cette Seigneurie.

SAINTE-PERUSE en Nivernois. (Baronnie de) Contrat d'acquisition en original de l'an 1629, de cette Baronnie, & où l'on voit sa consistance & ses dépendances.

SAINT-PIERRE LE MOUTIER. (Maison-Dieu de) Un titre original de l'an 1480.

SAINT-PREUIL au Diocése de Xaintes. (Cure de) Un titre original de l'an 1473, concernant la présentation de cette Cure.

SAINT-SEVER. (Baronnie de) Un aveu & dénombrement de l'an 1723, par copie, rendus à cette Baronnie.

SAINT-SORNIN en Bourbonnois. Une copie collationnée l'an 1511, portant remise du droit de rachat de la grande dixme d'Arpheuille, dite de Saint Sornin en Bourbonnois.

SAINT-SULPICE au pays de la Marche. (Fief de) Transaction de l'an 1625, entre les Seigneurs dudit Fief d'une part, & le propriétaire de plusieurs héritages mentionnés & relevant dudit Fief, par laquelle il est stipulé que le propriétaire desdits héritages les tiendra des Seigneurs dudit Fief, sous les cens & devoirs spécifiés, & qu'il en donnera déclaration.

SAINT-THIBAULT en Bourgogne. (Seigneurie de) Terrier de ladite Seigneurie fait l'an 1499, par Lettres Patentes de Sa Majesté, *copie ancienne en forme probante.*

SAINT-VALLIER. (Seigneurie de) Bail emphitéotique en original de l'an 1547, d'héritages spécifiés & étant en la censive de cette Seigneurie.

SAINT-VIGOR. (Seigneurie de) Copie en forme probante de l'an 1688, d'un grand nombre d'aveux & Contrats anciens concernant cette Seigneurie & celle de Sainte Marie des Monts.

SAIXE FONTAINE. (Seigneurie de) Un cahier par copie collationnée de l'an 1670, contenant des Lettres Royaux de l'an 1484, en faveur de cette Seigneurie, & un titre de l'an 1490, contenant l'affranchissement des Habitans de ladite Seigneurie.

SALLE A CLERVAUX. (Seigneurie de la) Un dénombrement en original de l'an 1483, rendu à cette Seigneurie.

SALINS. Trois titres originaux des années 1650 à 1678, contenant un Bail emphitéotique, & deux Contrats d'acquisitions pour la censive du Chapitre de l'Eglise de Saint Anatoile de la ville de Salins.

SANOIS près Montmorency. (Prévôté de) Reconnoissance originale de l'an 1462, faite à cette Prévôté pour raison de sept quartiers de terre en une piéce en la censive de ladite Prévôté, sous les cens spécifiés, & une transaction de l'an 1607, par copie en forme probante de l'an 1644, au sujet d'un grand nombre d'héritages en la censive de la même Seigneurie.

SAUDRAY. (Seigneurie de) Un titre original de l'an 1513, très-intéressant pour cette Seigneurie.

SAUTOUR en Bourgogne. (Baronnie de) Grosse en original du Contrat d'acquisition de l'an 1735, de cette Baronnie & où l'on voit sa consistance.

SAUTRAY en Anjou. (Seigneurie de) Un aveu en original de l'an 1558, fait à cette Seigneurie.

SAVAZIERE en Bretagne. (Seigneurie de la) Un titre original de l'an 1594.

SEGONDIGUES en Poitou. (Châtellenie de) Quittance originale de l'an 1428, de la somme de 30 liv. pour un cheval que le possesseur de la Borderie la Rougeline doit à la Châtellenie de Segondigue à cause de ladite Borderie.

SEIGNELAY. (Marquisat de) Lettres Royaux en original de l'an 1667, portant érection de la Baronnie de Seignelay en Marquisat.

SENLIS. (Ville de) Bail emphitéotique

en original de l'an 1641, fait par les Echevins & les Gouverneurs de cette ville, d'un emplacement en ladite ville, sous les cens spécifiés.

SERAUVILLE. (Seigneurie de) Reconnoissance originale de l'an 1476, rendue par hommage à cette Seigneurie.

SERIFONTAINES en Normandie. (Seigneurie de) Quatre titres originaux des années 1410, 1563 à 1616.

SERIGNY. (Hôpital ou Maison-Dieu de) Bail emphitéotique en original de l'an 1470, de divers héritages appartenans à l'Hôpital ou Maison-Dieu de Serigny.

SILLEY en Franche-Comté. (Seigneurie de) Contrat d'aliénation de l'an 1698, par copie collationnée en forme probante, de la Seigneurie, haute, moyenne, & basse Justice & droits de Silley appartenans au Roi, pour le prix de 380 liv. & les deux sols pour livre en faveur du Comte de Poitiers, par les Commissaires Généraux du Roi, pour la vente & revente de ses domaines, ladite aliénation faite à titre de rachat après 30 ans expirés.

SOISY. (Seigneurie de) Deux titres originaux des années 1462 & 1555.

SOUBESPAING en Flandre. (Seigneurie de) Lettres en original de l'an 1477, en langue Flamande, portant rachat de 1800 liv. de terres vendues par l'Hôpital de Comines à Robert Servais, lesdites terres relevant de la Seigneurie de Soubespaing.

SOUILLY. (Fief & Seigneurie de Souilly, situé en la Châtellenie de Claye, dont le nom s'est écrit Cloye, au Diocése de Meaux) Trente-six titres, sçavoir, un terrier écrit l'an 1539, de la Seigneurie de Souilly. Une saisie féodale en original faite l'an 1640, de deux Fiefs situés à Villevodé, faute de n'avoir rendu hommage à cette Seigneurie. Une Sentence de l'an 1528, qui déclare que lesdits Fiefs relevent de celui de Souilly. Vingt quatre hommages, aveux, déclarations & reconnoissances des années 1512 à 1571, rendus audit Fief de Souilly pour raison desdits Fiefs situés à Villevodé, & de plusieurs autres héritages relevant de ladite Seigneurie. Trois Arrêts du Parlement de Paris, & Lettres Royaux des années 1404, 1405 & 1406, par lesquels Arrêts en conséquence des Lettres Royaux, les vassaux des Seigneuries de Montjaye, Cloye, Souilly, Lepin, Courteri, Villeparisis, Villeneuve, Montauban & Messy en partie, sont condamnés à aller moudre leurs grains dans les moulins de la Seigneurie de Souilly & de la Châtellenie de Cloye. Deux Baux emphitéotiques en original des années 1478, & 1481, de plusieurs héritages en la cenſive de ladite Seigneurie, ſous les cens ſpécifiés. Un acte d'inféodation de l'an 1550, fait par ledit Seigneur de Souilly d'une maiſon & terre ſous les cens ſpécifiés. Deux ſouffrances d'aveux des années 1544 & 1571, pour raiſon des deux Fiefs ci-deſſus, ſitués à Villevodé, & relevant de ladite Seigneurie, & une Sentence des Requêtes de l'an 1524, qui condamne les Habitans de Montjay de moudre leurs grains dans les moulins de Souilly & de Cloye. Il y a 21 originaux.

SOURCIERE. (Seigneurie de la) Contrat de vente original paſſé l'an 1602, dés droits Seigneuriaux de quint & requint de la Seigneurie de Fonpertuis, avec déclaration expreſſe qu'elle releve de celle de la Sourciere.

SURGERES en Poitou. (Châtellenie de) Sept titres originaux, ſçavoir, quatre hommages des années 1402, 1421 & 1425, rendus à ladite Châtellenie, pour raiſon des Seigneuries de la Jarie au pays d'Aunis, deux quittances des années 1416 & 1436, des droits Seigneuriaux dûs à ladite Châtellenie, pour raiſon de ladite Seigneurie de la Jarrie, & des Lettres Royaux de l'an 1621, données en faveur des Freres Minimes de Saint Gilles de Surgeres.

SUSON. Cinq titres originaux des années 1663 à 1683, concernant le Bourg Suſon ſitué au Bailliage de la Bourt en Navarre.

T.

TAILLE au Perche. (Seigneurie de la) Deux hommages originaux des années 1561 à 1614, rendus à cette Seigneurie.

TAILLEBOURG en Poitou. (Comté de) Deux hommages originaux des années 1555 à 1635, rendus à ce Comté pour raison de la Baronnie de Champ Dolent & de la Châtellenie de Bors qui en relevent.

TAIS. (Seigneurie de) Quatre titres originaux, sçavoir, un Bail emphitéotique de l'an 1399, de la Gaignerie appellée la Gelondliere ou la Geraldiere, située en la Paroisse de Sorigny, & étant en la censive de ladite Seigneurie sous les cens spécifiés en l'acte, & trois autres titres des années 1610 à 1632, concernant ladite Seigneurie de Tais.

TALENAY en Franche-Comté. (Seigneurie de) Un titre original de l'an 1606.

TARGE. (Seigneurie de) Dénombrement en original de l'an 1473, rendu à cette Seigneurie pour raison d'un très-grand nombre d'héritages qui depuis ont donné lieu au Fief Bobin.

TEILH-AUX-SERVANTS. (Seigneurie du) Un titre original de l'an 1483, très-intéressant pour cette Seigneurie.

THEMERICOURT.

THEMERICOURT. (Seigneurie de) Dénombrement de l'an 1621 par copie collationnée en 1665, rendu à cette Seigneurie.

TERON-LES-POIX dans le Vermandois. (Seigneurie de) Copie collationnée anciennement d'un Contrat de l'an 1615, portant aliénation de cette Seigneurie.

TERTRE. (Seigneurie de) Hommage en original de l'an 1646, rendu à cette Seigneurie.

TESSONVILLE. (Seigneurie de) Trois Déclarations en original des années 1604 à 1616, rendues à cette Seigneurie pour divers héritages qui en relevent, ainsi que de celle de Briconville. V. à Briconville.

THIAIS. Treize Titres originaux des années 1520 à 1590, contenant des Contrats d'acquisitions de plusieurs héritages, pour la Censive de Thiais, appartenant à l'Abbé & aux Religieux de l'Abbaye S. Germain-des-Prés-les-Paris.

TIERCEVILLE près Gisors. (Seigneurie de) Soixante-neuf titres originaux, aveux, dénombremens, baux emphitéotiques, saisies féodales, des années 1300, 1484, 1489, 1492, 1513 à 1620, rendus à la Seigneurie de Tierceville pour un très-grand nombre d'héritages spécifiés dans les actes avec leur nature, leur contenance & leurs confins, sous les cens & devoirs seigneuriaux aussi spécifiés dus chaque année à cette Seigneurie ; ces titres sont d'une très-grande importance pour le Seigneur de cette Terre.

TIZÉ en Bretagne. (Seigneurie de) Deux dénombremens de l'an 1447, par copie collationnée en forme de probante, rendus à cette Seigneurie pour raison de la Seigneurie de Mouligné.

THIBAUT-MONDRE. (Fief de) Voyez à Chaumont un titre original de l'an 1405.

THORIGNY. (Seigneurie de) Bail emphitéotique en original de l'année 1478, fait par noble Dame Marguerite d'Orgemont, veuve de noble & puissant Seigneur Jean Baron de Montmorency, à Jean Julienne, demeurant à Cloye, d'un Hôtel, Ferme, Terre, Jardin & autres héritages, le tout situé à Cloye, dont les confins sont spécifiés, sous les cens & rentes aussi spécifiés, payables en partie au *Porche* (*) de l'Eglise de Cloye, & pour les autres parties en l'hôtel de Thorigny.

Nota. On lit à la marge de l'Acte, d'une écriture d'environ l'an 1650, que ce Bail concerne la maison appellée Saint-Jacques, dont a été faite la basse-cour de l'hôtel seigneurial de Cloye, & qu'elle est dans la censive du Fief de la Grange d'Imeresse de Cloye, & en la Haute Justice de la Mairie de Cloye appartenante au Roi.

(*) Terme de l'Acte.

Le Fief de Gombault est situé à Thorigny. Voyez à Gombault un grand nombre de titres.

TICHECOURT. (Seigneurie de) Un cahier manuscrit, sans signature, de l'an 1690, & intitulé Etat de la consistance de la Terre de Tichecourt.

THOUARS en Poitou. (Vicomté de) Hommage original de l'an 1417, rendu à ce Vicomté pour raison de l'hébergement d'Assay.

TOMBEBEUF en Agenois. (Seigneurie de) transport de l'an 1676, par copie sans signature, de cette Seigneurie où l'on voit sa consistance & ses dépendances.

TONAY-CHARANTE. (Seigneurie de) Bail en original de l'an 1565 de cette Seigneurie.

TORPE en Bourgogne. (Seigneurie de) Un titre original de l'an 1569.

TOUCHE en Poitou (Seigneurie de la) Saisie en original faite l'an 1671, de la Seigneurie de la Touche, & où l'on voit sa consistance.

TOULOUSE en Languedoc. (College de Foix de la Ville de Toulouse) Sentence en original de l'an 1476, rendue en faveur du College de Foix contre le Seigneur de Berat en Languedoc, touchant les limites & jurisdictions des Terres de Berat & de Riume.

TOUR. Six aveux originaux des années

1499, 1512 à 1543, faits au Fief de Tour, autrement dit Saint-Pry.

TOURISORÉ. (Seigneurie de la) Vingt-huit titres originaux, sçavoir, quinze des années 1497, 1498, 1508 à 1680, pour la censive de cette Seigneurie. Un acte de l'an 1513, qui prouve que cette Seigneurie releve de celle de Savenieres, & non de l'Archevêché de Tours, suivant que l'Archevêque le prétendoit. Une Saisie féodale & neuf Sentences par défaut des années 1500 à 1559, par lesquelles les propriétaires de différens héritages spécifiés sont condamnés à en donner leur Déclaration. Une Procuration de l'an 1521, de Damoiselle Renée de Cavaleu, Dame de la Luzieres, à l'effet de rendre hommage de son Fief à la Seigneurie de Tourisoré; & un contrat de l'an 1674 qui prouve que la Seigneurie de Baugé releve de cette même Seigneurie.

TOURNEFEUILLES en Languedoc. (Seigneurie de) Deux titres originaux, sçavoir, un vidimé fait l'an 1498, d'un titre de l'an 1476, & des lettres royaux de l'an 1570, concernant les droits & la censive de cette Seigneurie.

TOURS. Un contrat de l'an 1568, portant aliénation de la Seigneurie du péage, féage & commandise de la Ville de Tours, capitale de la Touraine, où l'on voit la consistance de cette Seigneurie.

TOURS. (Archevêché & Chapitre de l'Eglise Cathédrale de Tours, Doyenné de ladite Eglise.)

Le Doyenné de l'Eglise de Tours s'étant trouvé vacant en 1449, l'Archevêque de cette Eglise obtint Lettres royaux le 23 Juin en la même année, expositives qu'à cause de son Archevêché il avoit plusieurs collations de Bénéfices, & le droit de conférer le Doyenné de son Eglise lorsqu'il venoit à vaquer, & que le Chapitre & les Chanoines de son Eglise ne devoient & n'avoient aucun droit de procéder à l'élection des Doyens; ceux-ci prétendant le contraire, l'Archevêque, en vertu de ses lettres royaux, les fit assigner devant la Cour du Parlement de Paris: le même différend s'éleva de nouveau en l'année 1474 entre l'Archevêque & le Chapitre de son Eglise; le Doyen étant mort, le Chapitre en élut un autre: l'Archevêque soutint la nullité de cette Election, & prétendit que lui seul en avoit le droit. Le nouveau Doyen se pourvut en Cour de Rome; & il obtint des Bulles du Pape. L'Archevêque de Lyon, en qualité de Primat des Gaules, intervint, sans doute en vertu des Bulles de Rome, & prétendit, en sa qualité de Primat, confirmer l'élection faite par le Chapitre. Cependant le Chapitre & les Chanoines, par un Acte du 8 Novembre 1474, firent réquisition devers le Palais Archiépiscopal, pour que leur Archevêque confirmât l'élection qu'ils avoient faite, à quoi il fut répondu que l'affaire étoit difficile & de conséquence. L'Archevêque s'opposa à ce que l'élection faite par le Chapitre eût son effet ; cependant Nicolas le Loup qui avoit été élu au Doyenné par le Chapitre, se présenta en 1474 au Palais Archiépiscopal de Tours, à l'effet de faire hommage à l'Archevêque pour raison de son Doyenné, & il rendit en effet l'hommage à son Archevêque entre les mains de son Official.

Le procès fut néanmoins porté à la Cour du Parlement de Paris. Le Chapitre produisit diverses délibérations, par lesquelles il apert qu'en l'année 1419 & 1454, le Chapitre avoit élu en ces différens tems le Doyen de l'Eglise de Tours. Les titres qui justifient ces faits sont au nombre de trente-huit des années 1449, 1474 & 1475.

Vingt-trois titres des années 1419, 1449, 1455, 1496, 1502 à 1503, qui justifient que le Chapitre de l'Eglise de Tours est en possession de l'élection de son Doyen.

Tous les titres de ce porte-feuille sont en originaux.

Dix-sept autres titres originaux, sçavoir, un titre de l'an 1349, par lequel Jean de Chateaufort, Chevalier, céde pour le prix de trente-six florins d'or, au Chapitre de Tours, un muid de froment de rente annuelle & perpétuelle qui lui appartenoit dans les dixmes de la Paroisse de Sorigné.

Deux titres des années 1406 & 1475, sçavoir un hommage rendu au Chapitre de l'Eglise de Tours, pour raison de la Porte Angevine de ladite Ville de Tours, étant en la censive dudit Chapitre, & un Arrêt concernant le même objet.

Un titre de l'an 1447, qui prouve que les dixmes de Bouciquant, situé vers le mont Richard au Diocèse de Tours, appartiennent audit Chapitre.

Six titres des années 1419, 1480, 1499, 1503 & 1512, très-intéressans pour le même Chapitre.

Cinq titres des années 1478, 1503 à 1509, concernant le même Chapitre & le terrage en leur Seigneurie de Saint-Hilaire-sur-Aire.

Et deux Contrats des années 1553 & 1642 d'acquisitions pour la censive du même Chapitre.

Sept titres originaux, Hommages, Donations, Acquisitions & transactions des années 1291, 1300, 1320, 1334, 1370, 1372 & 1485, concernant les Droits Seigneuriaux & le Domaine de l'Eglise Cathédrale de Tours. L'on trouve dans ces titres les noms de Nemours, le Patissier, Bernard, Esperon, Carrel, Charrenton, Messennes, Barbier, &c.

Cinq titres originaux des années 1400, 1406 & 1503, concernant ledit Chapitre.

Une Bulle du Pape Innocent VII du nom, donnée en la dix-huitieme année de son Pontificat, & adressée à l'Archevêque & au Chapitre de l'Eglise de Tours, par laquelle le saint Pere les porte à faire cesser leur différend touchant l'élection du Doyen de leur Eglise, les invite à procéder de concert à l'élection, & confirme celle qui venoit d'être faite.

Rescription du Concile de Trente, donnée à Basle en 1433, par laquelle le Concile nomme Martin Beruyer au Doyenné de l'Eglise de Tours, vacant par la mort de Mathieu Monnet, & veut que cette élection ait lieu nonobstant toutes coutumes, constitutions & ordinations générales & particulieres, & nonobstant que l'Archevêque de Tours, ou son Chapitre, eût nommé un autre au Doyenné de leur Eglise.

Une Bulle du Pape Eugene donnée l'an 1439, & adressée à l'Archevêque de Tours & au Chapitre de l'Eglise de Tours & de l'Eglise du Mans, touchant le même Doyenné de l'Eglise de Tours.

Neuf titres originaux des années 1474,

1501 à 1510, concernant le droit de la nomination audit Doyenné, & où l'on voit que les Chanoines de cette Eglise procédoient à ladite élection, que l'Archevêque avoit le droit de confirmation d'icelle, & que le Doyen élu devoit rendre hommage à son Archevêque, pour raison de son Doyenné; & ce Doyenné est la premiere dignité de l'Eglise de Tours après celle d'Archevêque.

Un titre de l'an 1446, par lequel le Doyen & le Chapitre de l'Eglise de Tours ayant le droit de nommer à la Chapelle de S. Nicolas, fondée à leur Eglise, y nomment Alain Laurent, après la mort de Jean Grenier.

Six titres, dont quatre originaux & quatre par vidimé, des années 1503 à 1598, qui prouvent que le Chapitre de Tours nomme aux Canonicats & aux Chapelles fondées en son Eglise & à des Cures & Vicariats.

Un Bref en original de l'an 1592, évocatoire pardevant les Eglises de Bourges, Poitiers & Angers, obtenu par le Chapitre de ladite Eglise de Tours.

TOURVILLE en Normandie. (Seigneurie de). Trois titres originaux des années 1561 à 1620.

TREDION en Bretagne. (Château de). Contrat en original de l'an 1660, contenant l'acquisition du Château de Tredion, où l'on voit sa consistance & ses dépendances.

TREMBLAY. (Seigneurie de Tremblay-le-Vicomte en Beauce) Cinq titres originaux des années 1592 à 1596, sçavoir, un Bail emphitéotique d'héritages étant en la censive de la Seigneurie de Tremblay, & quatre hommages rendus à cette même Seigneurie.

TRONCHAY. (Seigneurie du) Trois titres originaux, sçavoir, une transaction de l'an 1558, une réception à hommage de l'an 1563, & un dénombrement de l'an 1598, rendus à la Seigneurie de Tronchay pour raison du Fief de Poussineux qui en releve.

TULLE. (Hôpital de) Cinq titres originaux des années 1664 à 1695.

TUONGUINDY en Bretagne. (Seigneurie de) Bail emphitéotique en original de l'an 1585, fait par noble homme Pierre Boterel, d'une piéce de terre en la censive de cette Seigneurie, sous la rente annuelle & perpétuelle de 4 liv. payable à ladite Seigneurie.

THURÉ en Poitou. (Seigneurie de) Déclaration en original de l'an 1516, contenant que la Seigneurie de la Tour-d'Oise releve de celle de Thuré.

V.

VAL près Montfort-la-Maury. (Seigneurie du) Aveu & reconnoissance en original de l'an 1661, faits à cette Seigneurie.

VALDIEU au Perche. (Chartreuse de) Procuration en original de l'an 1691, donnée par le Seigneur du Fief d'Hommeray, à l'effet de demander souffrance ou délai, pour rendre hommage de son Fief aux Religieux de ladite Chartreuse.

VARENBON. (Marquisat de) Un titre original de l'an 1654.

VARENNES. (Fief & Seigneurie de) Un titre original de l'an 1571, concernant cette Seigneurie; & un Censier ou Déclaration de l'an 1584, de l'écriture du tems même & sans signature, de toutes les terres & prés qui composent cette même Seigneurie.

VAUX. (Seigneurie) Un cahier contenant plusieurs extraits de titres des années 1518 à 1666, qui prouvent que la Seigneurie de Jupille releve de celle de Vaux, qui est sous le ressort de la Baronnie de Sonnois.

VAUCHAMPS en Brie. (Seigneurie de) Ordonnance originale de l'an 1631, à l'effet de faire procéder au Terrier de cette Seigneurie & de plusieurs autres.

VAUDRY en Normandie. (Seigneurie de) Deux titres originaux des années 1644 & 1681, contenant la remise & la régie de cette Seigneurie.

VAUX-LEZ-ESSONES. (Seigneurie de) Cette Seigneurie est unie au Duché de Villeroy, & la Seigneurie d'Escharcon en releve. Voyez à Villeroy une Lettre de souffrance d'hommage de l'an 1679.

VUAREGNIER ou VAUREGNIER, (Seigneurie de) Deux titres originaux, sçavoir, un titre de l'an 1614, & un Bail de l'an 1629 de cette Seigneurie, où l'on voit sa consistance & ses dépendances.

VENDIERES. (Seigneurie de) Un état non signé de la consistance du revenu d'une portion de cette Seigneurie.

VENNE en Franche-Comté. (Seigneurie de) Un titre original de l'an 1604.

VERCEL en Franche-Comté. (Seigneurie de) Seize titres originaux des années 1561 à 1672, contenant échanges & acquisitions d'un très-grand nombre d'héritages pour la censive de cette Seigneurie.

VERGNE-CORNET. (Seigneurie de la) Aveu & Déclaration originale de l'an 1586, rendus à cette Seigneurie.

VERRIERE. (Seigneurie de) Contrat original de l'an 1621, contenant aliénation faite par les Religieux de l'Abbaye S. Germain-des-Prés à Paris, Seigneurs de

Verriere, d'une ruelle y située, sous les cens spécifiés dans l'Acte.

VERNEIZ. (Seigneurie de) Acquisition en original de l'an 1646, d'un tiers de cette Seigneurie en faveur de Pierre de Perien, Chevalier, &c.

VERNON en Angoumois. (Seigneurie de) Treize titres originaux. Contrat d'aliénation fait l'an 1564.

Un Bail emphitéotique de l'an 1484, fait par noble & puissant Jean de la Rochechaudrie, Ecuyer, Seigneur de Vernon, pour la censive de cette Seigneurie.

Une Transaction de l'an 1491, d'entre noble & puissant Jean de laRochechaudrie, Baron de Vernon d'une part, & d'autres particuliers, par laquelle il est convenu que lesdits particuliers payeroient à ladite Seigneurie le cens perpétuel de deux deniers, la rente de deux boisseaux de froment & deux poules, pour raison de plusieurs piéces de terre en la censive de la même Seigneurie.

Un Aveu & Reconnoissance de l'an 1505, & six titres de 1545 à 1559, tous intéressans.

VERTUS. (Comté-Pairie de) Lettres de souffrance en original de l'an 1656, accordées par le Comte Pair de Vertus, pour que la Terre, Seigneurie & Vicomté d'Estoge, relevant du Comté-Pairie de Vertus, fussent érigés en Comté, à condition toutefois qu'il en feroit rendu hommage audit Comté. Voyez à Estoges les Lettres d'Erection de l'an 1682.

VICHY en Bourbonnois. (Prêtres Communalistes de) Sentence de l'an 1629, qui condamne le Fermier du Domaine du Duché du Bourbonnois de payer aux Prêtres communalistes de Vichy, la rente de sept septiers de bled portée par la concession des Ducs de Bourbonnois.

VIGNAU. (Seigneurie du) Deux titres originaux des années 1665 & 1676, sçavoir une Déclaration faite à cette Seigneurie, & un Bail de cette même Seigneurie.

VILLAINES situé à Cloye. (Fief de) Quinze titres originaux, sçavoir, deux Baux emphitéotiques des années 1470 & 1524; & treize autres titres, hommages, aveux & dénombremens des années 1528 à 1622, rendus à ce Fief, & notamment pour le Fief de la Gronette.

VILLANTRAS. (Seigneurie de) Un titre original très-intéressant de l'an 1515, contenant la consistance de cette Seigneurie, & qui en est comme le Terrier.

VILLARS. (Seigneurie de) Bail emphitéotique en original de l'an 1497.

VILLAUDERE. (Fief de la) Voyez à Champagne deux hommages originaux des années 1445 & 1475, rendus pour raison de ce Fief.

VILLEBON. (Seigneurie de) Un titre par copie de l'an 1677, ou l'on voit la consistance & les dépendances de la Seigneurie de Villebon.

VILLEDIEU en Franche-Comté. (Seigneurie de.) Un titre original de l'an 1630.

VILLEGUE. (Seigneurie de) Aveu en original de l'an 1641, fait à cette Seigneurie.

VILLEMESLE (Seigneurie de) Contrat de vente par copie ancienne sans signature de l'an 1636, de plusieurs beaux héritages, & leurs dépendances en la censive de cette Seigneurie.

VILLEMOISSON. (Seigneurie de) Hommage en original de l'an 1571, rendu à cette Seigneurie.

VILLEMONBLE en l'Isle de France. (Seigneurie de) Cinq titres originaux des années 1524 à 1673, dont un Bail emphitéotique pour la censive de cette Seigneurie.

VILLEMOROZ. (Seigneurie de) Soixante aveux & déclarations de l'an 1610, par copies anciennes sans signature, faits à cette Seigneurie par différens particuliers, pour raison d'un très-grand nombre d'héritages qui en relevent.

VILLEMORT en Champagne. (Seigneurie de) Transaction de l'an 1631, par copie ancienne en forme probante.

d'entre le Seigneur Baron de Villemort & les habitans de Bivernay, touchant le partage des bois & forêts, & touchant le droit de Justice de Grurie.

VILLENEUVE-LA-CORNUE. (Seigneurie de) Un titre original de l'an 1619, qui prouve que la Seigneurie du Vielmarol releve de celle de Villeneuve-la-Cornue.

VILLEPARISIS près-Montmorency. (Seigneurie de) Trois titres originaux des années 1543 à 1607, sçavoir, une transaction concernant certaines limites de cette Seigneurie; & deux aveux faits à ladite Seigneurie.

VILLERAINE. (Seigneurie de) Un titre original de l'an 1666.

VILLERS en Poitou. (Seigneurie de) Hommage en original de l'an 1451, rendu à cette Seigneurie.

VILLEROY. (Duché de) Lettres de l'an 1679, portant souffrance d'aveu pour raison de la Seigneurie d'Escharcon, relevant de celle de Vaux-lès-Essones, unie au Duché de Villeroy.

VILLIERS. (Seigneurie de) Neuf titres originaux, sçavoir, cinq aveux des années 1489, 1559 à 1571, faits à cette Seigneurie. Un Bail emphitéotique de l'an 1486. Un autre Bail de 1441, de plusieurs choses, en la censive de ladite Seigneurie. Un autre titre de l'an 1615; & une transaction de l'an 1519, intéressante pour la même Seigneurie de Villiers.

VILLOISEAU. (Seigneurie de) Un titre original de l'an 1509.

VINACOURT en Picardie. (Châtellenie de) Bail emphitéotique en original de l'an 1616, d'un Fief, sous la censive de cette Châtellenie.

VIRE en Normandie. (Hôpital ou Hôtel-Dieu) Un titre en forme de grosse de l'an 1660, concernant l'Hôtel-Dieu de Vire.

VOISINS près-Cloye. (Fief de) Dix-huit titres, sçavoir, un Terrier en original de l'an 1574, de ce Fief.

Sept Baux emphitéotiques en originaux des années 1490, 1493, 1607 à 1678, d'un grand nombre d'héritages, maisons, terres, jardins & autres, sous la censive dudit Fief.

Sept aveux & reconnoissances en originaux des années 1470, 1557 à 1649, faits audit Fief.

Deux titres originaux des années 1513 & 1552, dont une Sentence qui condamne le Propriétaire de certains héritages à payer les cens qu'il redevoit audit Fief, en l'Hôtel Seigneurial de Voisins; & un autre titre qui concerne le même Fief.

Enfin un inventaire par copie sans signature de l'an 1572, de plusieurs extraits de titres concernant ce même Fief.

VONZON. (Châtellenie de) Hommage & dénombrement en original, rendus en 1536 à cette Châtellenie pour raison de la Seigneurie de Bischereau en Sologne.

VOUVRAY en Touraine. (Seigneurie de) Un titre original de l'an 1335.

VREVIN. (Seigneurie de) Un titre original de l'an 1610.

VERVILLE. (Seigneurie de) Un titre original qui prouve que le Fief noble de Toussart releve de cette Seigneurie.

VUALY. Letres de J. Comte de Bar, de l'an 1221, par copie collationnée, en faveur des bourgeois & habitans de Vualy.

VULLY-SAINT-GEORGES en Picardie. (Seigneurie de) Un titre original de l'an 1556.

Me voilà à la seconde Partie de mon Cabinet : je reviendrai aux Fiefs; il m'en reste des titres très-intéressans que je travaille dans ce moment : me seroit-il permis de dire que ma collection n'est pas un Cabinet de quittances? L'on y trouvera par intervalles des titres de la plus haute antiquité; j'en donnerai un recueil particulier. J'ai cédé quelques parties de mon Cabinet qui ont passé dans celui d'un Magistrat, distingué par son sçavoir profond : mais le fond en est resté. (*) Je l'ai.

(*) L'on peut voir l'inventaire imprimé en

augmenté considérablement ; je l'ai porté dans un degré infiniment supérieur à ce que jamais il eût été. L'on en verra les preuves. Le travail de mon Cabinet n'a pas interrompu tout-à-fait mes travaux littéraires & généalogiques. Je donnerai au Public le recueil de mes œuvres. L'on trouvera dans les Généalogies de ma main que je n'y ai avancé aucun fait qui ne soit prouvé par titre authentique : la vérité a toujours été & elle sera toujours la base & le fondement de mes Ouvrages. Perdre de vûe ce principe, c'est ravir, à la véritable Noblesse, la gloire pour laquelle elle est née ; c'est repandre un soupçon sur le vrai ; c'est un avilissement pour l'Historien. Le Lecteur me permettra cette digression : j'ai interrompu le fil de mon discours ; je le reprens.

l'année 1761, lorsque je mis en vente mon Cabinet, dont l'estimation étoit à cinquante-six mille deux cents livres.

DICTIONNAIRE
DE
TITRES ORIGINAUX.

Pour le Clergé.

A.

AMBOISE. (Chapitre de l'Eglise Notre-Dame de Saint-Florentin-d'Amboise) Deux titres originaux des années 1403 & 1405, concernant le Chapitre de cette Eglise.

AMIENS. (Evêché d') Trois titres originaux des années 1618 & 1619, une Sentence, une Saisie & une Quittance, qui justifient que l'Evêque d'Amiens a des droits sur les Dixmes de Trepied, appartenantes à l'Abbaye de Saint-Josse-sur-la-Mer.

AMOUR-DIEU. (Abbaye des Filles de l'Amour-Dieu au Diocèse de Soissons) Un titre original de l'an 1350. Il contient la forme du serment prêté par les Abbesses de cette Abbaye.

ANGERS. (Abbaye de Toussaints-d'Angers) Bail emphitéotique de l'an 1402, par copie juridique en forme probante de l'an 1547, du Moulin de la Mossetiere situé en la Paroisse du Doré & de plusieurs autres, sous la rente annuelle & perpétuelle de trente sols tournois & de deux chapons payables à cette Abbaye.

ANGERS. (Chapitre de l'Eglise de Saint-Martin-d'Angers) Etat en original fait l'an 1603, de plusieurs échanges d'héritages étant en la censive de ce Chapitre.

ANGOULHAN. (Fief d'Angoulhan, Membre dépendant du Prieuré de Neufmarché) Neuf aveux & dénombremens originaux de l'an 1609 à 1634, rendus au Prieuré de Neufmarché à cause dudit Fief & du Fief Clinet, dépendant aussi du même Prieuré : l'on a écrit Angoulhan & Engoulhen. Voyez d'autres titres à Angoulhen, à Clinet & à Neufmarché.

ANIANE (Abbaye d') Procès-verbal en original fait l'an 1675, pour la vérification de titres des années 1298, 1414 & autres, concernant des donations en faveur de cette Abbaye, & par lequel Procès-verbal ces titres sont suspects de fausseté.

ARRAS. (Chapitre, Doyen & Chanoine de l'Eglise Cathédrale de Notre-Dame d'Arras (Deux titres originaux de l'an 1486, qui prouvent que ledit Chapitre a le droit de possession à la Cure & Eglise Paroissiale de Saint Aubert de la Ville d'Arras.

AUBEPIERRE. (Abbaye de) Cinq titres, le Bail original de l'an 1597, de tous les biens de cette Abbaye situés au Diocèse de Limoges, & où l'on voit quelle en est la consistance : un Bail emphitéotique original de l'an 1615 ; trois piéces, deux par *vidimé*, très-intéressantes pour la censive de cette Abbaye.

AURILLAC. (Eglise Collégiale de Saint Giraud de la Ville d'Aurillac en Auvergne) Un Bail emphitéotique original de l'an 1622.

AUTEUIL. (Cure d'Auteuil près Blois) Arrêt par copie en forme probante, rendu l'an 1675, qui condamne les particuliers nommés à payer les Dixmes sur certaines terres énoncées, au Curé d'Auteuil & à ses successeurs.

AUXERRE. (Evêché d') Acte original de l'an 1659, contenant l'offre d'aveu & dénombrement à cet Evêché pour les terre & Marquisat de Saint - Sauveur qui en relevent.

AUXERRE. (Abbaye de Saint Germain-d'Auxerre.) Cinq titres dont un original de l'an 1577. Un autre par copie collationnée de l'an 1590 ; les autres sans signature, concernant cette Abbaye.

B.

BALLAGNY au Bailliage de Senlis. (Cure de) Bail original de l'an 1504, des biens de cette Cure, où l'on voit leur consistance.

BEAULIEU. (Prieuré des Dames) Aveu de l'an 1336, par copie ancienne en forme probante, rendu à ce Prieuré. Autre aveu de l'an 1464, par copie collationnée l'an 1650. Autre copie sans signature d'un aveu de l'an 1404.

BEAUMONT-SUR-OISE. (Prieuré de Saint-Benoît de Beaumont-sur-Oise) Un titre original de l'an 1450, pour la censive de ce Prieuré.

BEAUMONT. (Abbaye des Dames de) Un titre de l'an 1693, par copie en forme probante en faveur de cette Abbaye.

BEAUNE (Censive dans le Finage de la ville de Beaune, du Chapitre de l'Eglise Collégiale de Notre-Dame de Beaune) Un titre original de l'an 1668, qui prouve ce fait.

BEAUVAIS. (Évêché de) Contrat original de l'an 1560, contenant acquisition d'une maison située à Beauvais, grande rue Saint-Martin, étant en la censive de cet Evêché, sous le cens annuel & perpétuel de douze deniers parisis.

BEAUVAIS. (Chapitre de l'Église de Saint Pierre de Beauvais.) Deux titres originaux des années 1483 & 1573, pour la censive de ce Chapitre à Precy & dans le territoire de Châteaurouge.

BEAUVAIS. (Chapitre de l'Eglise de Notre-Dame du Château de Beauvais.) Un titre original de l'an 1598, pour la censive de ce Chapitre.

BELLEVILLE. (Chapelain de la Tour de Belleville ou de la Chapelle Saint-Georges, fondée en l'Eglise Abbatiale du lieu de Belleville.) Ordonnance de l'an 1702, en faveur de ce Chapelain.

BEZIERS. (Evêché de) Dénombrement par copie ancienne en forme probante, rendu à Sa Majesté, le 10 Février 1547, par l'Evêque de Beziers pour raison des Places, Terres & Seigneuries tant en la ville de Beziers qu'en la ville d'Aspiran, dans la Seigneurie de Cazouls & au Château de Paret, appartenant à cet Evêché à cause de sa dignité Episcopale, le tout mouvant de Sa Majesté, à cause de ses Sénéchaussées de Carcassone & Beziers.

BLOIS. (Abbaye de Notre-Dame de Bourgmoire de Blois, Ordre de S. Augustin) Bail emphitéotique de l'an 1555, par copie collationnée en forme probante, de l'an l'an 1662, d'une maison située en la ville de Blois, étant en la censive de cette Abbaye.

BOIS-D'ALONNE en Poitou. (Prieuré du) Trois originaux, un Bail emphitéotique de l'an 1388, un hommage en forme de dénombrement de l'an 1440, & un autre titre de l'an 1455, pour la censive de ce Prieuré.

BOISSE. (Cure de) Recueil de titres des ann. 1239, 1384, 1393, 1407 & 1485, en un cahier écrit en l'année 1485 & sans signature, mais qui donne des renseignemens pour la plûpart de ces titres, le tout concernant la Cure de Boisse : on trouve dans les titres les noms de plusieurs maisons nobles. *Argenton*, *Sauzay*, *Clisson*, *Orgemont*; les Seigneurs de ces maisons transigent, & étoient en procès au Parlement de Paris avec le Curé de Boisse.

BONNEVAL. (Prieuré de) Un titre original de l'an 1567, pour la censive de ce Prieuré.

BRAY ou BRAY-RULLY. (Prieuré de Bray, auquel la Seigneurie de Rully en Picardie a été réunie) Vingt titres originaux de l'an 1570 à 1620, contenant des acquisitions d'un très-grand nombre d'héritages spécifiés, avec déclaration que ces héritages sont en la censive du Prieuré de Bray, à cause de la Seigneurie de Rully, unie à ce Prieuré, sous les cens spécifiés dans tous les titres, & au pied de chacun sont les Actes d'ensaisinemens faits par les Prieurs de Bray, qui s'y qualifient *Prieurs Seigneurs du Prieuré de Bray-Rully*.

BRANTOME en Périgord. (Abbaye de) Dénombrement de l'an 1645, par grosse originale, rendu à cette Abbaye pour raison des repaires nobles de Lamberrery, de Nouailhac & de la Viguerie de la Chapelle-Montmoreau.

BUCHETELLE. (Cure de) Un titre original de l'an 1666, concernant cette Cure.

C.

CAPY. (Prieuré de) Bail original fait l'an 1611, du temporel de ce Prieuré, où l'on en voit les biens, les rentes & les charges.

CARRIERE. (Prieuré de Carriere, membre de l'Abbaye de Coulons au Diocèse de Chartres.) Bail emphitéotique en original du 13 Décembre 1459, fait par le Prieur de Carriere, d'une masure & d'une piéce de terre spécifiées sous six deniers parisis de *chef-cens*, payables à ce Prieuré, &c. Ce Bail est fait du consentement de l'Abbé de Coulons.

CELLE. (Prieuré de la Celle en Brie) Quatre titres originaux de l'an 1565 à 1626, pour le censive de ce Prieuré, &

une Bulle par copie sans signature donnée à Rome le 10 Juin 1628, portant nomination à ce Prieuré.

CHABLY. (Chapitre de l'Eglise Saint-Martin de Chably en Bourgogne) Un titre original de l'an 1582, concernant ce Chapitre.

CHAMBON-SAINTE-CROIX. (Prieuré & Seigneurie de Chambon-Sainte-Croix au pays de la Marche) Trois titres originaux, un aveu de l'an 1529, rendu au Prieuré & Seigneurie de Chambon. Transaction & Sentence de l'an 1576: par ces deux titres en originaux, il est prouvé que plusieurs particuliers nommés tiennent franchement des héritages spécifiés, situés au Bourg de Chambon, du Prieuré de Chambon-Sainte-Croix; ces mêmes particuliers s'obligent de payer à ce Prieuré les rentes annuelles & perpétuelles spécifiées à cause desdits héritages.

CHARLIEU au Diocèse de Macon en Bourgogne. (Prieuré de) Transaction originale de l'an 1280, d'entre le Prieur de Charlieu & les Franciscains ou Freres Mineurs établis à Charlieu: ce titre renferme des faits intéressans.

CHARTRES. (Evêché de) Arrêt en original rendu l'an 1508, qui adjuge à l'Evêque de Chartres, à cause de son Evêché, *par droit de retenue & puissance de*

Fief, la Terre & Seigneurie de *Brou* & ses appartenances, contre les prétentions de Messire Florentin Girard, Chevalier.

CHATEAUGONTIER. (Prieuré de Saint-Jean-Baptiste de la ville de) Sentence originale de l'an 1595, qui condamne les possesseurs de certains héritages spécifiés, étant en la censive du Sacristain de ce Prieuré, d'en payer les cens échus, & d'en continuer le payement à l'avenir.

CHATEAUGONTIER. (Chapitre de l'Eglise de Saint-Just de) Un titre original de l'an 1657, pour la censive de ce Chapitre.

CHATEAUTHIERRY. (Chapelle de la Madeleine-la-Grande de) Reconnoissance originale de l'an 1651, pour raison d'une maison située à Château-Tierry, & dont le local particulier & les confins sont spécifiés, étant en la censive de cette Chapelle.

CITEAUX. (Abbaye de) Expédition émanée de la Cour du Parlement de Paris, de Lettres-Patentes du Roi Charles VIII en faveur des Abbés & Religieux de l'Ordre de Cîteaux, par lesquelles Sa Majesté permet que les Bulles & Provisions de la Cour de Rome qui avoient été accordées auxdits Abbés & Religieux touchant l'usurpation qui avoit été faite sur eux de plusieurs de leurs Monasteres &

Commanderies, soient exécutées, lesdites Lettres-Patentes enregistrées en la Cour du Parlement.

CITEAUX. (Abbaye de Laumosne, dite la petite Cîteaux) Une transaction originale de l'an 1621, qui prouve qu'il est dû à l'Abbaye de Laumosne dite la petite Cîteaux, la rente annuelle & perpétuelle de six septiers de bled sur les moulins de Basteveaux & leurs appartenances situées en la Paroisse d'Auteuil.

CLAYE ou CLOYE au Diocèse de Meaux. (Prieuré & Fabrique de l'Eglise de) Voyez à Cloye plusieurs titres.

CLAIRVAUX. (Abbaye de) Un Arrêt original de l'an 1672, du Conseil d'Etat du Roi en faveur de cette Abbaye.

CLERMONT en Beauvoisis. Sept Baux emphitéotiques en originaux, de l'an 1564 à 1574, pour la censive des Prévôt & Chanoines de l'Eglise Notre-Dame fondée au Château de Clermont.

CLINET. (Fief de) Neuf aveux & dénombremens en originaux des années 1612 à 1622, rendus au Prieuré de Neufmarché pour raison des Fiefs de Clinet & d'Engoulhen, réunis audit Prieuré. Voyez à Neufmarché & à Engoulhen.

CLOYE ou CLAYE en Brie. (Prieuré de) Sept titres dont trois originaux des années 1479, 1585 à 1678, concernant ce

Prieuré & les dixmes inféodées en sa faveur.

CLOYE. (Fabrique de l'Eglise de) Huit titres, dont quatre originaux des années 1530 à 1626, qui font connoître les droits de cette Fabrique.

CLUNY en Bourgogne. (Abbaye de) Transaction par copie collationnée de l'an 1459, entre l'Abbé, à cause du Château de Lourdon appartenant à ladite Abbaye, d'une part, & les Habitans & Paroissiens des Paroisses de Massilly, Merzé & Cortanbes du Diocèse de Macon, par laquelle il est stipulé que lesdits Habitans & leurs successeurs jouiront à perpétuité des bois de Bannan, de Conquérans, &c. lesquelles choses lesdits Habitans tiendront aussi à perpétuité de la directe Seigneurie du Château de Lourdon ou Lordon, dont ils releveront.

COMPIEGNE en Picardie. (Eglise Paroissiale de Saint-Antoine de) Un titre original de l'an 1493, contenant le don d'une rente annuelle & perpétuelle sur des héritages y mentionnés, en faveur de cette Eglise, pour les motifs expliqués en l'Acte.

COMPIEGNE. (Censive des Religieux de Saint-Cornille de) Contrat original de l'an 1606, pour la censive de ces Religieux, pour les censives de l'Abbaye de

Saint-Denis & du Fief de Frenel ou Fernel.

CONFLANS près Paris. (Cure de) Aveu en original de l'an 1507, pour raison de plusieurs arpens de terre, situés au terroir de la Grange-aux-Merciers près Charenton, qui sont en la censive du Curé de Conflans.

CONFLANS. (Prieuré de) Bail emphitéotique en original de l'an 1610, pour la censive de ce Prieuré.

COUDRAYE. (Fief & Hôtel de la) Voyez à Luçon un dénombrement & un hommage en original des années 1350 & 1573, rendus à l'Evêché de Luçon pour raison du Fief & de l'Hôtel de la Coudraye.

CURTEY en Auvergne. (Prieuré des Filles de) Transaction en original de l'an 1402, d'entre la Prieure du Monastere de Curtey d'une part, & le Prieur de l'Eglise dudit lieu, touchant plusieurs cens en froment donnés audit Prieuré par noble Seigneur Faidit de la Barge, Chevalier.

D.

DEY. (Cure de) Une Transaction originale de l'an 1603, en faveur du Curé du lieu de Dey, touchant des rentes en bled appartenantes à cette Cure.

DEVE. (Cure) Arrêt en original

de l'an 1634, qui maintient le Curé Deve dans le droit de dixme & novales.

DINAN en Bretagne. (Prieuré de Saint-Malo de la ville de) Reconnoissance originale de l'an 1559, faite aux Prieurs de Saint-Malo de Dinan, d'une vigne dont les confins sont spécifiés, ainsi que le local, & étant en la censive dudit Prieuré.

DOMONT. (Prieuré de) Un titre original de l'an 1507, pour la censive de ce Prieuré.

DEUIL près Montmorency. (Prieuré de) Acquisition originale de l'an 1574, d'héritages spécifiés, étant en la censive de ce Prieuré, sous le cens d'un denier tournois & de deux sols tournois de rente payables à la Saint-Martin d'hiver.

E.

ENGOULHAN. (Fief d'Engoulhan réuni au Prieuré de Neufmarché) Neuf aveux & dénombremens en originaux des années 1611 à 1631, rendus au Prieuré de Neufmarché, à cause du Fief d'Engoulhan & du Fief de Clinet réunis audit Prieuré.

F.

FALGOUET. Arrêt du Parlement de Rennes de l'an 1669, qui maintient le

Doyen de la Sainte-Chapelle de Notre-Dame de Falgouet dans l'exemption des impôts & billots.

FAREMOUSTIER en Brie. (Abbaye de) Quatre titres originaux des années 1588 à 1592, contenant les ventes de vignes situées au territoire de Charnon, & étant en la censive de l'Abbaye de Faremoustier.

FERRIERE en Gatinois. (Abbaye de) Un Acte de l'an 1575, par copie collationnée l'an 1653, contenant aliénation & rachat de plusieurs héritages appartenans à cette Abbaye.

FERRIERES. (Seigneurie de) Cette Seigneurie faisant la troisieme partie de celle des Siéges releve de l'Abbaye de Saint-Remi-lès-Sens. Voyez à Saint-Remi un hommage original de l'an 1500.

FESCAMP en Normandie. (Abbaye de) Cinq titres, sçavoir, une copie collationnée l'an 1659, d'un Acte de l'an 1265, par lequel Ricard, Abbé de Fescamp, & les Religieux de son Abbaye échangent plusieurs grands Fiefs avec Nicolas de Hotot, Seigneur d'Anglesqueville, & où l'on voit que le Fief d'Anglesqueville releve de ladite Abbaye.

Une transaction par copie collationnée de l'an 1649, d'entre l'Abbé & les Religieux de l'Abbaye de Fescamp.

L'état fait en 1675, sans signature, du revenu de ladite Abbaye.

Le Bail en original de l'an 1679, des biens de ladite Abbaye.

Et un titre original de l'an 1687, contenant abandonnement du revenu de cette même Abbaye.

FONTEVRAULT en Anjou. (Abbaye de) Trois titres, sçavoir, deux originaux, dont un de l'année 1674., concernant cette Abbaye, & un autre sans date, & la copie en forme probante d'une transaction de l'an 1548, qui justifie que l'Abbaye de Fontevrault a le droit de lever vingt boisseaux de froment, de tous bleds & farines, qui se vendent dans la ville & les fauxbourgs de Saumur.

FOUCARMONT. (Censive en Picardie de l'Abbaye de Foucarmont en Normandie) Un titre original de l'an 1612, pour la censive de cette Abbaye.

G.

GAMACHES en Picardie. (Prieuré de) Deux titres originaux des années 1617 à 1647, sçavoir, une reconnoissance & un Bail du Prieuré de Gamaches, où l'on en voit les revenus & les charges.

GISORS. Quatre titres originaux de l'an 1499 à 1594, pour les censives de l'Eglise Paroissiale & de la Confrérie de

Notre-Dame de l'Assomption de Gisors, sur des maisons & héritages spécifiés, situés tant dans Gisors que dans son territoire, sous les cens spécifiés.

GISORS. Sept titres originaux des années 1416, 1431, 1475, 1477 & 1493, concernant les censives des Chapelains de la Chapelle sainte Catherine, fondée en l'Eglise de S. Gervais & S. Protais de Gisors, de la Chapelle de Notre-Dame & de S. Jean, fondée en la Chapelle de ladite Eglise, la Confrérie & les Marguilliers de cette Eglise.

GONDORRY en Angoumois. (Prieuré de) Aveu & dénombrement en original de l'an 1695, rendus (*) *à la Seigneurie du Prieuré de Gondorry*, pour raison d'héritages spécifiés en la censive dudit Prieuré.

GOUY en Picardie. (Prieuré de Saint-Pierre de) Trois Sentences originales des années 1648 à 1654, en faveur de ce Prieuré, pour raison de dixmes en laines, cochons, poulets, fruits, &c. dans le territoire de Riencourt & autres lieux.

GOUSSAINVILLE. (Cure de) Arrêt en original de l'an 1634, qui maintient le Curé de Goussainville dans le droit des dixmes & novales.

GRANSELVE. (Abbaye de) Un titre

(*) Termes de l'Acte.

de l'an 1282, par copie ancienne sans signature concernant cette Abbaye.

GRESTAIN en Normandie, Diocèse de Lisieux. (Abbaye de) Transport ou Bail emphitéotique en original de l'an 1630, de la Seigneurie de Querqueville, par le Seigneur Abbé de Grestain, à charge par l'acquéreur de payer à perpétuité à ladite Abbaye les droits féodaux & seigneuriaux qui sont (*) *sept vingt-dix livres tournois* de rente fieffée annuelle & perpétuelle payable à la S. Jean-Baptiste, ladite rente, quoique perpétuelle, rachetable toutefois, *clause exprimée en l'acte.*

GROSBOIS. (lieu de) Un titre original de l'an 1590, concernant la censive du lieu de Grosbois dûe aux Religieux de S. Victor de Paris.

H.

HANNEMONT. (Prieuré de) Bail emphitéotique en original de l'an 1669, de divers héritages en la censive de ce Prieuré.

J.

JOIGNY. (Prieuré de Sainte-Marie de) Un cahier sans signature, contenant plu-

(*) Termes de l'Acte.

ſieurs donations des années 1238, 1239, 1255 & 1309, faites par les Comtes de Joigny au Prieuré de Sainte-Marie.

JOUY au Diocèse de Sens. (Abbaye de) Tranſaction originale de l'an 1260, d'entre les Religieux & Abbé de l'Abbaye de Jouy d'une part, & Jean du Pleſſis-Hunaud, Chevalier, d'autre part, touchant certaines bornes & limites mentionnées en l'acte.

JOUY près Paris. (Cenſive à Jouy des Chanoines de la Sainte-Chapelle du Palais à Paris, & des Doyen & Religieux de Gaſſicourt) Trois titres originaux des années 1616 à 1626, pour ladite cenſive à cauſe de la Seigneurie de Jouy.

L.

LAC-ROGER en Anjou. (Prieuré de) Reconnoiſſance & aveu en forme probante de l'an 1644, faits à ce Prieuré.

LAY. (Fabrique de l'Egliſe S. Laurent de) Aveu en original de l'an 1611, fait à cette Fabrique ſous les cens ſpécifiés.

LANGRES. (Chapitre de l'Egliſe Cathédrale de) Un titre original de l'an 1560, concernant ce Chapitre.

LAON. (Evêché de) Un titre original de l'an 1576.

LANTY en Nivernois. (Censive de l'Eglise Notre-Dame de) Un titre original de l'an 1506, pour la censive de cette Eglise.

LAUMOSNE. (Abbaye de Laumosne dite la Petite-Cîteaux) Voyez à Cîteaux.

LAURENS. (Curé, Prêtres & Desservans de l'Eglise Notre-Dame de la Chapelle-de-Laurens en Auvergne) Une Sentence originale de l'an 1497, au sujet d'une fondation faite par la famille noble de Cros; il y est fait mention des noms nobles de Cros, Rochefort & Saint-Gervasy.

LEDAT en Agenois. (Prieuré de) Dix titres originaux, sçavoir, quatre aveux & reconnoissances des années 1477, 1478 à 1557, faits à ce Prieuré pour raison de la moitié du moulin de Ledat, & moitié des isles, islots & pâtures en dépendans, sous les cens & rentes spécifiés, avec l'obligation de moudre gratis une partie du bled de la maison du Prieur.

Une transaction de l'an 1478; & cinq titres très-intéressans de l'an 1525 à 1659.

LIRÉ en Anjou. (Prieuré de) Un Bail emphitéotique en original de l'an 1555, pour la censive de ce Prieuré.

LOUVERGNY. (Prieuré de Notre-Dame-des-Prés-les) Un aveu en original de l'an 1597.

LOUVERNY. (Prieuré de) Deux titres, sçavoir, un censier en original de l'an 1521, mais détruit en plusieurs endroits de ce Prieuré.

Et une copie collationnée en forme probante l'an 1529, de trois titres des années 1349 & 1361, très-intéressans pour ce même Prieuré.

LUÇON. (Evêché de) Deux titres originaux, sçavoir un dénombrement de l'an 1350, & un hommage de l'an 1573, rendus à cet Evêché pour raison de l'hôtel & du Fief de la Coudraye & de ses appartenances, relevant dudit Evêché.

LUSSAC en Poitou. (Cure de la ville de) Un Bail emphitéotique original de l'an 1461.

LUSSAC. (Prieuré de) Ce Prieuré est un membre dépendant de l'Abbaye de S. Savin, Diocèse de Poitiers. Voyez à Saint Savin un acte d'inféodation de l'an 1449, en faveur de ce Prieuré.

M.

MANTES en Beauce. (Censive du Chapitre de) Bail emphitéotique en original de l'an 1494.

Et quatre aveux originaux de l'année 1494, faits par plusieurs particuliers audit Chapitre, de plusieurs héritages spécifiés:

& situés au territoire de Brunel & autres lieux, étant en la censive dudit Chapitre sous les cens aussi spécifiés.

MANTES. (Censive des Vicaires & de la Communauté de l'Eglise de) Deux titres originaux des années 1580 & 1611, pour la censive desdits Vicaires & Communauté.

MASSILLY. Les Habitans de Massilly ont droit d'usage dans le bois ou la forêt de Bannan de Communauté, de Conquerans en Bourgogne, & relevent de l'Abbaye de Cluny, à cause du Château de Lordon ou Lourdon. *Voyez à Cluny.*

MEAUX. (Evêché de) Deux titres, sçavoir, une Sentence originale de l'an 1464, d'entre l'Evêque de Meaux d'une part, & le Procureur Général du Roi d'une autre, touchant certaine entreprise sur la jurisdiction de l'Evêque; & par laquelle Sentence, il apert que cette entreprise étoit indue, & que l'Evêque de Meaux a droit de justice en des lieux spécifiés de cette Ville.

Et une copie collationnée en forme probante l'an 1638, d'un dénombrement de l'an 1566, rendu audit Evêché par le Seigneur de Charny pour raison de divers cens & rentes, tant en bled que volaille, Justice, haute, moyenne & basse, le tout relevant dudit Evêché sous les cens & rentes spécifiés.

MEAUX. (Chapitre de l'Eglise Cathédrale de S. Etienne de) Deux titres, sçavoir, un aveu de l'an 1598, par copie collationnée l'an 1639, pour raison du Fief de la Grange-Dixmeresse de Cloye.

Et un titre original de l'an 1607, concernant le même Chapitre.

MEAUX. (Marguilliers de l'Eglise Cathédrale de) Un titre original de l'an 1598.

MEAUX. (Fabrique de l'Eglise Cathédrale de) Un titre original de l'an 1530.

MEAUX. (Chapitre de l'Eglise Collégiale de Saint-Saintin de) Cinq titres, sçavoir, une copie sans signature faite l'an 1598, de titres des années 1277, 1337, 1347 & 1394, concernant les droits seigneuriaux de ce Chapitre.

Un cahier sans signature, & dont l'écriture est devers l'an 1600, contenant plusieurs copies de titres, dont l'un est de l'an 1347, qui servent à justifier que le Fief de la Grange-Dixmeresse de Cloye releve dudit Chapitre.

Un hommage de l'an 1598, par copie ancienne collationnée, rendu audit Chapitre pour raison dudit Fief.

Et deux aveux, dont l'un est original de l'an 1551, & l'autre de l'an 1598, par copie collationnée l'an 1639, faits au même Chapitre, pour raison du Fief de la Grange-Dixmeresse de Cloye & autres.

MESSY. (Eglise & Fabrique de l'Eglise Saint Pierre de) Deux titres, sçavoir, une Déclaration sans date, mais dont l'écriture est devers l'an 1500, intitulée, *s'ensuit* la Déclaration des terres appartenantes à l'Eglise & Fabrique de S. Pierre de Messy en France.

Et un aveu de l'an 1527, par copie sans signature, mais de l'écriture du tems même, des terres appartenantes à ladite Eglise.

MONTFAULCON en Argonne. (Chapitre de l'Eglise Saint Germain de) Arrêt en original de l'an 1667, par lequel les Doyen, Chanoines & Chapitre de cette Eglise sont maintenus dans le droit de nommer à l'office de Procureur Fiscal pour tenir la justice de Montfaulcon dans la tenue de leur Chapitre, auquel le Grand-Prévôt Ecclésiastique & le Procureur de Sa Majesté pourront assister au sujet de ladite nomination.

MONTPEYROUX. (Abbaye de) Copie collationnée d'un titre de l'an 1666.

MOUSTIER-NEUF en la ville de Poitiers. (Abbaye de) La copie sans signature de quatre Baux emphitéotiques des années 1450, 1454, 1458 & 1508 de plusieurs héritages étant en la censive de cette Abbaye.

N.

NANTES en Bretagne. (Censive du Chapitre de l'Eglise Cathédrale de) Un titre original de l'an 1598.

NANTERRE. (Seigneurie de, appartenante à l'Abbaye de Sainte Genevieve de Paris) Trois titres originaux des années 1539 à 1575, dont un aveu fait à cette Seigneurie.

NEUFMARCHÉ. (Prieuré de) Quarante-six aveux & dénombremens en originaux des années 1566 à 1671, rendus à ce Prieuré pour raison d'un très-grand nombre d'héritages relevant des Fiefs d'Engoulhen, de Clinet, & unis à ce Prieuré. Il y est fait mention des familles nobles de Trumel, Louvencourt, Nollent & Mignot.

NOGENT-SUR-SEINE. Contrat original de l'an 1580, pour la censive de l'Eglise S. Laurent de Nogent-sur-Seine.

NOTRE-DAME-DE-BOURGMOIEN à Blois. (Abbaye de) Un titre de l'an 1587, par copie collationnée en 1662, concernant cette Abbaye, touchant la reprise que l'Abbé prétendoit faire d'une maison située à Blois, qui avoit appartenu à ladite Abbaye, & qui avoit été aliénée par vente.

NOTRE-DAME-DES-PIERRES, Ordre de Cîteaux. (Abbaye de) Lettres Royaux en original de l'an 1640, en faveur de cette Abbaye.

NOTRE-DAME-DU-PONT-AUX-DAMES. (Abbaye de) Quatre originaux des années 1595 à 1661, qui prouvent que cette Abbaye a des droits de dixmes sur les moulins de Cloye & de Souilly.

NOTRE-DAME-DE-SAINT-JUST. (Abbaye de) Un titre original de l'an 1575.

NOTRE-DAME-DU-VAL, au Diocèse de Bayeux, en Normandie. (Abbaye de) Bail emphitéotique en original de l'an 1594, fait par les Abbé & Religieux de cette Abbaye, des dixmes qui lui appartiennent dans la Paroisse de la Forest, ainsi que de toutes les rentes foncieres en argent & en chapons sur les lieux spécifiés, pour lequel objet il a été donné en échange à ladite Abbaye une piéce de terre en la Paroisse de Dounay, de la contenance de trois âcres, dites la *Mulotiere*, dont les confins sont spécifiés, & plusieurs autres piéces de terre aussi spécifiées.

Et deux titres originaux des années 1637 & 1638, très-intéressans pour ladite Abbaye, touchant le Fief de Martigny qui en avoit été aliéné.

O.

OIGNY au Diocèse d'Autun. (Abbaye d') Un titre original de l'an 1566, concernant cette Abbaye.

OUMEAUX en Angoumois. (Prieuré d') Un titre original de l'an 1319 pour la censive de ce Prieuré.

OURCAMP en Picardie. (Abbaye d') Un Arrêt original de l'an 1523, par lequel l'Abbé & les Religieux de l'Abbaye Sainte-Marie d'Ourcamp sont maintenus contre les prétentions du Seigneur de Naucel, en la possession d'une piéce de terre située en la forêt de *Morlauval*, & dans le droit de pâturage dans la même forêt; cet Arrêt déclare que le droit de justice sera commun entre ledit Abbé & Religieux & le Seigneur de Naucel.

OURCAMP, au Diocèse de Noyon. (Abbaye d') Transaction de l'an 1317, par *vidimé* orignal de l'an 1427, d'entre les Maires & Prévôt de la ville de Compiegne d'une part, & les Religieux & Abbé d'Ourcamp d'une autre, par laquelle transaction passée par arbitre, il est dit que pour finir le procès il seroit permis à l'Abbé de ladite Abbaye de faire passer tous les ans, par la riviere d'Oise passant devant la ville de Compiegne, tous les vins du crû de ladite Abbaye, & en outre cent quarante tonneaux, ſans payer aucun droit, & que dans le cas qu'il en fît paſſer davantage, il en payeroit les droits à qui il appartiendroit.

P.

PACY. (Chapelle de Saint Euſtache du Château de) Bail emphitéotique en original de l'an 1532, de toutes les rentes, dixmes, oblations dûes à cette Chapelle, moyennant la rente annuelle pendant douze années ſpécifiée en l'acte.

PAMIERS. (Evêché de) Expédition originale de l'an 1681, contenant pluſieurs extraits de titres en faveur de cet Evêché.

PAMIERS. Statuts & Conſtitutions en original des Chanoines Réguliers de l'Egliſe Cathédrale de Pamiers.

PANTHEMONT. (Cenſive des Religieuſes de) *Vidimé* fait l'an 1513, d'un acte de l'an 1491, pour la cenſive de Panthemont.

PARIS (Chapitre de l'Egliſe Cathédrale de Notre-Dame de) Un titre original de l'an 1626, pour la cenſive de ce Chapitre.

PARIS. (Abbaye de Saint Germain-des-Prés de) Sentence originale de la Chambre des Requêtes, rendue l'an 1651, en faveur des Religieux, Prieur & Couvent de l'Abbaye de Saint Germain-des-Prés, Seigneurs Châtelains, hauts, moyens & bas Justiciers, & Voyers universels de la Châtellenie d'Issy & de Vaugirard à cause de leurdite Seigneurie.

PARIS. (Abbaye de Saint Victor de) Arrêt de l'an 1601, par copie collationnée en forme probante l'an 1610, par lequel les Prieur & Religieux de cette Abbaye sont maintenus dans la possession des dixmes du territoire de Grosbois, situé en la Paroisse de Villeparisis.

PARSAY en Touraine. (Cure de) Un titre original de l'an 1490, contenant une donation de plusieurs rentes en grains & volailles en faveur de cette Cure.

PLUVILLE. (Cure de) Aveu en original très-intéressant de l'an 1642, fait par plusieurs particuliers à cette Cure.

PONT-AUX-DAMES. (Abbaye des Religieuses du) Un titre original de l'an 1583.

PROVINS. (Eglise Collégiale de Notre-Dame-du-Val de la ville de) Deux Baux emphitéotiques originaux des années 1548 & 1604.

Q.

QUESNEL. (Eglise de Notre-Dame du) Contrat en original de l'an 1668, contenant une acquisition faite au profit de cette Eglise.

QUERQUEVILLE. (Seigneurie de) Cette Seigneurie releve de l'Abbaye de Grestain en Normandie, Diocèse de Lisieux. Voyez à Grestain un titre de l'an 1631.

R.

RAUXON. (Cure de) Transaction en original de l'an 1660, par laquelle le Prieur de Dueil s'oblige de payer à l'Archiprêtre de Mauzé, à cause de la Cure de Rauxon son annexe, la rente annuelle de quarante-huit bouisseaux de grains.

RELLEC en Bretagne. (Abbaye de) Bulle de la Cour de Rome donnée l'an 1603, par copie collationnée anciennement en faveur de cette Abbaye.

RIEUMES. (Prieuré de) Un titre original concernant ce Prieuré, où l'on voit que la forêt de Belfuch appartient, moitié au Roi & moitié audit Prieuré.

ROUSSAY. (Eglise Paroissiale de Saint Pierre de) Un acte en original passé en la Cour de Montfaucon l'an 1480, au sujet de la fondation de la Chapelle Ste Croix en ladite Eglise.

RUILLY. (Seigneurie de) Deux titres originaux de 1563 à 1620. Cette Seigneurie appartient au Prieuré de Bray.

S.

S.

SAINT ACHEUIL en Picardie. (Abbaye de) Contrat original de l'an 1599, pour la censive de cette Abbaye.

SAINT-AUBIN d'Angers. (Abbaye de) Sentence originale de l'an 1527, en faveur de cette Abbaye.

SAINT BENOIST, au Diocèse d'Orléans. (Abbaye de) Dénombrement en original de l'an 1625, rendu à cette Abbaye pour raison du Fief de Bellesart qui en releve.

SAINT CALES. (Abbaye de) Aveu & Dénombrement en original de l'an 1496, rendus à cette Abbaye pour raison de plusieurs héritages.

SAINT CREPIN le Grand-les-Soissons. (Abbaye de) Bail emphitéotique en original de l'an 1486.

SAINTE-CROIX de Thalmond. (Abbaye de) Un titre original de l'an 1713, concernant les Religieux de cette Abbaye.

SAINT DENIS. (grand Prieuré de) Un titre original de l'an 1586, pour la censive de ce Prieuré.

SAINT ESPRIT. (Prieuré de) Deux cahiers, contenant les extraits d'un grand nombre de titres des années 1160 à 1729, concernant ce Prieuré.

SAINT FARON ou S. PHARON. (Abbaye de) Copie en forme probante d'un Arrêt du Grand Conseil rendu l'an 1642, en faveur de cette Abbaye.

SAINT FLORENTIN de Bonneval. (Abbaye de) Hommage en original de l'an 1553, rendu à cette Abbaye.

SAINT GERMAIN. (Abbaye de) Voyez à Paris.

SAINT HIPPOLYTE. Transaction en original sur procès de l'an 1436, entre le Curé de S. Hippolyte en Franche-Comté d'une part, & les Paroissiens de plusieurs lieux au sujet du prix des enterremens, mariages, &c.; c'est un réglement qui contient des particularités intéressantes & une Sentence arbitrale de l'an 1517.

SAINT JEAN du Jard, au Diocèse de Sens. (Abbaye de) Deux titres, un dénombrement de l'an 1573, sans signature, pour raison d'un Fief & de la dixme de Crisenay, & un titre original pour la censive de ladite Abbaye.

SAINT JOSSE sur la mer en Picardie. (Abbaye de) Deux baux de l'an 1595, de la dixme de Mantes, Villiers & Trispied, appartenans à cette Abbaye, & un titre de 1595, par copie ancienne.

SAINT JULLIEN (Abbaye de) Trois aveux & dénombremens en originaux des années 1458, 1662 & 1732, rendus à cette Abbaye.

SAINT LAURENT. (Abbaye de) Lettres Royaux en original de l'an 1661, en faveur de cette Abbaye.

SAINT LOMER de Blois. (Abbaye de) Bail emphitéotique en original de l'an 1490.

SAINT MAIXANT en Poitou. (Abbaye de) Trois titres originaux, une Sentence de l'an 1432, en faveur de cette Abbaye. Un dénombrement de l'an 1465, rendu à cette Abbaye, & un Bail emphitéotique.

SAINT MEDARD. (Prieuré de) Un inventaire original de l'an 1550, contenant les extraits de plusieurs titres pour justifier les droits de ce Prieuré sur plusieurs Fiefs & Seigneuries.

SAINT MESMIN de Micy-les-Orléans. (Abbaye de) Hommage en original de l'an 1606, rendu à cette Abbaye.

SAINTE MENEHOUD en Berry. (Abbaye des Filles de) Trois titres originaux de l'an 1316, contenant donations de cens & rentes sur des héritages spécifiés en faveur de ladite Abbaye; & acceptation de ces mêmes donations.

SAINT MICHEL de la Cluse. (Abbaye de) Un titre en forme probante concernant cette Abbaye.

SAINT OUEN en Normandie. (Abbaye de) Deux titres originaux de l'an 1329, par lesquels la présentation & le don de patronage de l'Eglise St Aquilin sont adjugés à l'Abbé & Religieux de l'Abbaye de S. Ouen.

S. PAUL de Besançon. (Abbaye de) Un titre original de l'an 1628.

SAINT PERE-LES-MELUNS, Diocèse de Sens. (Abbaye de) Dix-huit titres originaux, dix des années 1364, 1366, 1377, 1400, 1402 à 1669, qui justifient que l'Abbé & les Religieux de cette Abbaye ont tout droit de justice haute, moyenne & basse, en l'étendue de leur Terre & Seigneurie du Mont S. Pierre tant au-dedans qu'au-dehors de Melun; & qu'ils ont les droits de voirie, mesurage, minage, forage, cens & autres beaux droits dans la ville de Melun. On voit par ces titres que l'Abbé avoit été troublé dans la jouissance de la justice; il y est maintenu par des Arrêts qui se trouvent parmi ces titres, & huit Baux emphitéotiques & reconnoissances de l'an 1474 à 1556.

SAINT REMY, au Diocèse de Reims. (Abbaye de) Hommage original de l'an 1500, rendu à cette Abbaye pour raison de la Seigneurie de Ferriere.

SAINT SAUVEUR. (Marquisat de) Il releve de l'Evêché d'Auxerre. Voyez à Auxerre.

SAINT SAURON. (Prieuré de) Un titre original de l'an 1561.

SAINT SAVIN, au Diocèse de Poitiers. (Abbaye de) Bail emphitéotique original de l'an 1449, fait par l'Abbé de cette Abbaye.

SAINT VINCENT de Besançon. (Abbaye de) Un titre original de l'an 1622.

SAVIGNAC à Limoges. (Prieuré des

Religieuses de). Aveu & dénombrement de l'an 1462, par copie *vidimée* l'an 1667, rendus au Prieuré de Savignac, annexé au Monastere de la Régle.

SAVIGNY. (Abbaye de) Un titre original de l'an 1460.

SAUJON en Xaintonge. (Prieuré de Notre-Dame de) Trois titres des années 1464, 1465 & 1490, par copies collationnées l'an 1693, dont l'un est un Bail emphitéotique.

SOISSONS. (Chapitre de l'Eglise Cathédrale de) Bail emphitéotique en original de l'an 1723, en faveur de ce Chapitre.

SOUILLY. (Prieuré de) Huit titres, dont trois originaux, & cinq par copie en forme probante des années 1563 à 1623, concernant ce Prieuré, avec un cahier contenant plusieurs titres en forme authentique en faveur de ce Prieuré.

T.

TAILLEFERT. (Chapitre de l'Eglise Notre-Dame de la Chapelle de) Un titre original de l'an 1680; & un autre titre par copie en forme juridique de l'an 1668, concernant les droits de ce Chapitre.

THIAIS. (Censive à Thiais des Abbé & Religieux de S. Germain-des-Prés-les-Paris.) Neuf titres originaux des années 1574 à 1588, pour la censive de cette Abbaye.

TOULOUSE. (Chapitre de l'Eglise Métropolitaine de S. Etienne de) Un titre original de l'an 1566, pour la censive de ce Chapitre.

TOURS. (Chapitre de l'Eglise Cathédrale de) Un fragment très-intéressant du cartulaire de cette Eglise des 13e & 14e. siécles. L'on a rapporté dans la partie des Fiefs un grand nombre de titres concernant ce Chapitre. Voyez aux Fiefs.

Sept autres titres originaux des années 1408, 1454, 1466 à 1539, concernant ce même Chapitre.

TROYES. (Evêché de) Quatre titres originaux des années 1710 à 1714, contenant saisies féodales de la Baronnie d'Anglure, faute, par le possesseur, de n'en avoir rendu hommage à l'Evêché de Troye.

V.

VAUX de Cernay. (Abbaye de) Trois Mémoires en original par forme de Requête de l'an 1629 à 1630.

VAUHERLANT. (Fabrique de l'Eglise Saint Barthelemi de) Donation en original de l'an 1525, en faveur de cette Fabrique.

VERTINIE. Voyez à Notre-Dame-Saint-Just un titre de 1576, pour le Fief de la Vertinie.

VILLENEUVE en Bretagne. (Abbaye de) Un titre original de l'an 1552.

VILLEPARISIS. (Cure de) Un titre ſans ſignature concernant les dixmes de cette Cure.

VILLERCEAU ou VILLARCEAU. (Prieuré de) Deux titres originaux des années 1580 & 1593, pour la cenſive de ce Prieuré.

VILLEVODÉ. (Cure de) Sentence en original de l'an 1582, en faveur de cette Cure.

MALTE.

Nous avons un porte-feuille compoſé de trente-ſept titres pour les cenſives & droits de Malte dans les lieux d'Aubervilliers, Bourneuf, Bourgouſt, Chaillou-la-Reine, Charbonier en Auvergne, Choiſy en Brie, Coulomiers en Brie, Fieux, Montreuil-ſur-le-Bois, Pleſſis-Bouchard, Pontau-de-Mer, Saint Jean-de-Latran, Temple des Aiges, Valconville & Villedieu, ces titres ſont tous originaux excepté quatre. Il s'y trouve des conceſſions par nos Rois des années 1314, 1323, 1344, & deux Bulles de ce ſiécle : des Baux emphitéotiques, des aveux, tranſactions des années 1428, 1450, 1454, 1464, 1493, 1495 à 1509, & autres titres de 1553 à 1648.

Il n'eſt pas poſſible que je place dans ce Tome le Dictionnaire des Titres concernant le Domaine du Roi. Je donne, pour finir celui-ci, le Catalogue sommaire des autres Titres qui composent mon Cabinet; l'on en connoîtra le mérite d'après ce Tableau. Deux cartulaires originaux de l'Abbaye du Port-Royal: l'un de ces cartulaires, de deux cens cinquante-quatre pages, commence à l'an 1224, & finit en l'année 1248; l'autre cartulaire de trente-neuf feuillets, y compris la Table, commence en l'année 1256, & finit en l'année 1267.

Le nécrologe en original écrit ou dans le onziéme ou dans le douziéme siécle, de l'Abbaye des Filles de Loudun: l'on trouve après ce nécrologe une Charte de l'an 1115; & d'après cette Charte, il y a treize pages *in-folio* de l'écriture du douziéme siécle, contenant une partie des Régles de l'Ordre de S. Benoît: un Religieux de cet Ordre m'a dit que ce n'en est qu'un fragment; il paroît en effet que la chose est telle.

Un Porte-feuille cotté au dos, *Affaires politiques, historiques & militaires*. Il contient quatre-vingt-treize piéces & titres, dont quarante en originaux.

Deux Porte-feuilles cottés au dos, *Angleterre*: ils contiennent soixante-dix-neuf titres originaux, depuis & compris l'an 1385, jusques & compris l'an 1473: ces titres sont numérotés. L'on y trouve quatre montres militaires Angloises aux numéros 10, 11 & 28; il y a sous le numéro 27 un titre très-curieux & très intéressant pour l'histoire, & au numéro 36 sont les instructions données l'an 1439, par le Roi d'Angleterre, à Messire Berard de Monferrand Chevalier, son Ambassadeur vers le Duc de Bretagne. Ce titre en original présente des faits historiques & politiques : il y a une autre montre militaire Angloise sous le numéro 76 ; & au num. 78 est un acte original de l'an 1470, contenant la protestation d'après la mort d'Henri VIe du nom Roi d'Angleterre, faite par Isabelle fille de Jean Roi de Portugal ; & veuve de Philippe Duc de Bourgogne, à la couronne d'Angleterre, pour elle & sa postérité, par la raison que Philippe Reine de Portugal sa mere étoit fille de Jean Duc de Lancastre.

Un autre Porte-feuille cotté au dos, *Cavalerie Légere.* Il contient cinquante-huit titres, depuis & compris l'an 1624, jusques & compris l'an 1640, dont trente-trois originaux, & les autres presque tous par copies collationnées du tems même ; ces titres concernent la Cavalerie Légere.

Un autre Porte-feuille cotté au dos, *Chambre de Justice.* Il contient vingt-sept titres, dont vingt-six originaux & l'autre imprimé ; Edits, Déclarations, Lettres-Patentes du Roi Louis le Grand, des Arrêts du Conseil d'Etat depuis l'an 1661 à 1669, concernant la Chambre de Justice établie en Novembre 1661, pour la recherche des malversations commises au fait des Finances depuis le mois de Mars 1635 jusques en ladite année 1661, & où l'on voit les choses les plus remarquables à ce sujet.

Deux Porte-feuilles contenant quatre-vingt & un titres originaux depuis & compris l'an 1368 jusques & compris l'an 1579. C'est un recueil d'Ordonnances des Généraux Conseillers des Finances, des Généraux Conseillers & des Commissaires sur le fait des Aydes, des Contrôleurs & des Trésoriers du Roi du Trésor Royal, & des Commissaires ordonnés par le Roi pour le Gouvernement des Finances provenant du revenu de son Domaine. Ce recueil est précieux pour la connoissance du Gouvernement dans la manutention des Finances.

Deux Porte-feuilles cottés au dos, *Religion Protestante*. Ils contiennent soixante-quatorze originaux, tous Lettres-Patentes du Roi Louis le Grand & Arrêts du Conseil d'Etat depuis l'an 1674 à 1690, touchant ce qui s'est passé en quelques Provinces du Royaume au sujet de ceux de la Religion.

Un autre Porte-feuille contenant trois minutes de Notaires & deux registres de Baptêmes, Mariages & Enterremens.

Un Porte-feuille contenant une minute d'un Notaire de Chanceau en Bourgogne, commençant au 20 de Janvier 1639, &

finissant le 27 Décembre de la même année.

Un Porte-feuille contenant un volume de minutes des Sergenteries de Vez & Issigny, commençant le 8 Août 1624, & finissant le 12 Novembre de la même année; il contient 430 feuillets.

Un Porte-feuille qui contient le Terrier du Domaine du Roi en Champagne, fait en l'année 1654. Il est distribué en deux parties; la premiere est signée à la derniere feuille, l'autre est paraphée à la derniere page; elles sont jointes ensemble.

Un Porte-feuille qui contient le Terrier fait en l'année 1539, par copie collationnée en forme probante le premier Décembre 1573 de la Seigneurie de Louverny, relevant du Comté de Rethel; ce Terrier, en cent quarante-deux feuillets, est entier, excepté que les 53 & 54 feuillets sont détruits en partie.

Uu Porte-feuille qui contient l'inventaire, manuscrit, d'une partie des Chartes du Trésor du Roi avec la Table alphabétique des noms des familles.

Le Nobiliaire, manuscrit, du Dauphiné, en huit Classes ou Chapitres, en un volume relié.

Un Volume, manuscrit, en douze cents feuillets contenant plus de douze cents Généalogies, ou Extraits généalogiques dans le vrai, avec une notice des Arrêts du Parlement de Paris de l'année 1395; & à la page 540 la liste des Chevaliers de l'Ordre du Saint-Esprit depuis la premiere création jusques & compris la treizieme.

Un autre volume manuscrit en 513 feuillets, contenant 1°. Les annoblissemens faits en l'année 1470 dans la Province de Normandie; 2°. Le dénombrement des Fiefs de la Vicomté de Bayeux, fait en l'année 1503, & plus de cinq cens Généalogies faites en l'année 1523, avec les extraits & les renseignemens de tous les titres : ce manuscrit est de la même année 1523.

Arrêts des Conseils d'Etat & Privé, Lettres-Patentes, Edits & Déclarations de nos Rois, depuis & compris l'an 1423 à 1739, sur toutes sortes de matieres, avec des Lettres de Louis le Grand.

Cette collection, distribuée en treize Porte-feuilles, contient six cens trente-six titres, dont trois cens vingt-six originaux, cinquante-cinq minutes volantes, signées des Ministres & Sécretaires d'Etat, & les autres par copies anciennes en forme probante pour la plûpart; d'autres imprimés, mais quelques-uns collationnés suivant l'usage qui s'est pratiqué, & quelques-uns par copies sans signature.

PARIS.

Deux Porte-feuilles contenant soixante & une piéces, dont quarante-quatre titres originaux concernant différentes matieres;

les censives dans la Ville, les Fauxbourgs & la Banlieue de Paris, les Privilèges des Bourgeois de cette Ville; les Commissaires ou Examinateurs du Châtelet, les Offices, la Ferme des poissons de mer, frais, sec & salé qui se débitent dans les ressorts des Parlemens & Cours des Aydes de Paris & de Rouen, & autres objets : l'on trouve en tête de ce Recueil, un manuscrit intitulé, *Coutume de la Prévôté & Vicomté de Paris.*

DIPLOMATIQUE.

Quatre Porte-feuilles qui contiennent cent trente-huit titres, depuis & compris l'an 1225 à 1499. Il y en a douze des années 1225, 1258, 1260, 1263, 1270, 1274, 1282, 1284, 1295, 1297 & 1299. L'on en trouve ensuite quarante & un, depuis & compris l'an 1302 à 1399. Les autres sont depuis & compris l'an 1400 à 1499. Ce Recueil est composé de Contrats de mariages, Testamens, partages, Transactions, Hommages, Dénombremens, Donations & autres titres de cette valeur. Ces titres sont de plusieurs Provinces du Royaume; ils sont dans l'ordre chronologique.

Le Lecteur éclairé pénétrera l'utilité & l'importance de ce Recueil; j'aurois pû le porter à plusieurs *milliers de titres*, parmi lesquels il s'en seroit trouvé un grand nombre plus anciens encore que ceux qui le composent ; mais c'eût été avilir les autres parties de mon Cabinet.

Arrêt du Parlement de Paris.

Cette partie, distribuée en vingt & un Porte-feuilles, contient mille & treize Arrêts du Parlement de Paris ; deux cens cinquante-huit Arrêts originaux, parmi lesquels il y a de très-belles piéces depuis l'an 1396 à 1487, & d'autres depuis l'an 1500 à 1600. L'on a des Tables alphabétiques des noms des familles contenus dans ce Recueil.

Recueil de titres pour les Généalogies des familles des Deux Bourgognes.

Cette partie, distribuée en vingt-six Porte-feuilles, contient *sept cens vingt-cinq* piéces ; sçavoir, *cinq cens quarante-huit* titres originaux, *cinquante-sept* titres par copies anciennes collationnées en forme probante, dix-sept Généalogies tant manuscrites qu'imprimées, & cent vingt-deux Mémoires ou piéces de procédures, ou titres sans signature : on y trouve encore les Armes des familles nobles de Bourgogne & un grand nombre de Renseignemens. Les titres qui composent ce Recueil sont des Contrats de mariages, Testamens, Partages, Actes de Tutelles, Transactions, Lettres-Patentes de nos Rois, quelques Quittances & autres titres. On y trouve des titres originaux des 13e, 14e & 15e siécles : il y a une Table alphabétique des noms des familles.

Titres originaux pour servir à la Généalogie, distribués en trois parties.

Ces titres sont des Contrats de mariages, Testamens, Partages, Transactions, Actes de Tutelles & de Curatelles, Montres militaires, Provisions de Charges & Offices, Lettres d'annoblissemens, Jugemens de confirmations de Noblesse, Brevets militaires, Arrêts des Conseils d'Etat & Privé, Contrats d'acquisitions, Brevets de pensions accordées par nos Rois, Titres scellés, Quittances des Gentilshommes ordinaires & des Gentilshommes de la Chambre de nos Rois, Quittances données pour leurs gages des Archers de la Garde Ecossoise du Corps de nos Rois. Quittances des Officiers de leurs maisons, tels que Chambellans, Ecuyers tranchans, Ecuyers d'écurie, Pannetiers, Médecins, Valets-de-Chambre, Aumôniers, Gentilshommes de la Vénerie, Gentilshommes servans, Sommeliers de Panneterie, Echansons, Grands Fauconniers de France, Gentilshommes de la Fauconnerie, Grands Ecuyers de France, Sommeliers d'Echansonnerie, Ecuyers de Cuisine, Gouverneurs des Pages, &c. Quittances d'Exécuteurs de la haute Justice, de ce qui leur étoit payé pour les exécutions : l'on trouve des quittances de cette derniere espéce des 15e & 16e siécles; elles se donnoient sur-tout dans la Province de Normandie; ces titres renferment des singularités qui auroient exigé que j'en eusse fait un Recueil particulier: autres quittances sur différentes matieres, & quittances dotales: Donations & autres titres de toutes les sortes pour la Généalogie.

La premiere partie de ces titres, distribuée en 60 boëtes, contient 8040 titres, tous originaux, excepté 405 titres, qui sont Contrats de mariages, Testamens, Partages, Actes d'interdictions par copies anciennes tant collationnées que sans signature.

Autre partie pour la Généalogie; elle est distribuée en 123 Porte-feuilles, & elle contient 9540 titres originaux.

Troisiéme partie pour la Généalogie: elle est distribuée en 377 Porte-feuilles, & elle contient 25948 titres originaux pour la Généalogie.

LANGUEDOC.

Recueil de titres concernant la Province de Languedoc.

Cette partie distribuée en trente-trois Porte-feuilles, contient mille soixante & treize pièces, tant Titres que Mémoires imprimés & manuscrits, tous concernant la Province de Languedoc: on y voit trois cens cinquante-cinq Titres originaux, dont deux cens quatre-vingt-treize depuis l'an 1338 à 1499, & les autres de 1500 à 1640. Il y a par copies collationnées, des Titres des années 1171, 1184, 1216, 1271, 1312, 1315, 1340, 1341, 1342, 1346, 1348, 1381, 1458, 1483, 1493, &c.

Les Titres originaux présentent des faits intéressans pour les Aydes, Tailles & autres objets; les autres titres concernent le Domaine du Roi, les affaires générales du Languedoc, & les Etats de cette Province, les Villes & Lieux d'Aniane, Beaucaire, Beziers, Carcassonne, Castres, Frontignan, Montpellier, Narbonne, Meine au Diocèse de Nismes, (Les priviléges & confirmation des priviléges de Nismes depuis 1184 à 1668, seize titres) Pezenas, Puy-Laurent, Réalmont, Roques, S. Esprit, S. Félix, S. Pons de Tomieres, S. Gilles, Toulouse & ses dépendances, Valbreiges & Uzés. Les Titres concernant les Châteaux de Corneillan & de Marossan, le Péage de Confolans, le Monastère de Cassian sont originaux.

Il y a des inventaires ou tables pour les matières & pour les noms des familles contenus dans ce Recueil.

DOMAINE.

« Le Domaine ou Patrimoine Royal est » de deux sortes : le premier consiste dans

» les Terres & Seigneuries que le Roi » s'est particuliérement réservées, & qui » sont de telle façon unies à la Cou- » ronne, qu'elles ne font qu'une même » chose avec elle : l'autre sorte de Do- » maine consiste dans les droits que doi- » vent les marchandises lorsqu'elles en- » trent ou qu'elles sortent par les Bureaux » du Royaume ; en un mot, cette der- » niere espece de Domaine est composée » de tous les droits qu'on appelle royaux » & féodaux, tels que sont les amortisse- » mens, les annoblissemens, les droits » d'Aubeine, de Batardise, les droits de » Francfiefs, &c. *Telle est la définition du Domaine, que je trouve dans le Dictionnaire de Richelet.* Les titres qui sont en ma possession feront connoître que le Domaine s'étend sur un grand nombre d'autres objets : je les ai distribués en plusieurs Sections : je n'ai pû m'en dispenser par rapport aux matieres de ce grand objet. La premiere Section contient les Pieces sur le Domaine en général : l'on peut puiser dans cette source des lumieres pour la connoissance des choses domaniales. Cette Section en trois Porte-feuilles est composée de *cent trente & une pieces*, parmi lesquelles il se trouve *trente-neuf titres originaux*. Les autres pieces sont, pour la plûpart, par copies anciennes, collationnées en forme probante. Les Mémoires manuscrits qui font partie de cette Section, ſont très-intéreſſans. Il y a un inventaire de ces titres.

Ma ſeconde Section, diſtribuée en quatorze Porte-feuilles, renferme par ordre alphabétique les titres concernant les Terres & les Cenſives & Droits appartenans à la Couronne, tant pour les objets dont Sa Majeſté eſt actuellement en poſſeſſion, que pour les Terres aliénées de la Couronne, & qui y ſont réverſibles. Ces titres ſont au nombre de *quatre cens*, dont *deux cens quarante-ſept titres originaux*. Les autres ſont pour la plûpart par copies anciennes, collationnées en forme probante, & il s'y trouve des Mémoires manuſcrits très-intéreſſans. L'on trouve dans cette partie, ainſi que dans celle qui précéde & dans les autres qui ſuivront, des états généraux en originaux arrêtés au Conſeil Royal des Finances, qui donnent à connoître toute l'étendue du Patrimoine Royal en différentes Provinces.

Après cette partie vient celle concernant différens objets du Commerce & Finance, les Canons de fer, les Cartes & Tarots, les Courtiers de vin, cidre & liqueurs, les Cuirs, les Fermes, les Fers, Fontes, Mines, Aciers, Quincailleries, les Foires & Marchés, les Gabelles, Impoſitions, Manufactures, Poudre & Salpêtre, & enfin les Tailles. Ces titres ſont diſtribués par ordre alphabétique, en deux Porte-feuilles: la plûpart ſont des Edits & Déclarations de nos Rois & des Arrêts du Conseil d'Etat & du Conseil des Finances : ils sont au nombre de *quatre-vingt-quatre*, dont *vingt-un titres originaux*. La plûpart des autres sont par copies anciennes en forme probante. Il s'y trouve aussi des Mémoires manuscrits très-instructifs.

L'on trouve après cette partie cinq Porte-feuilles cottés au dos, *Offices & Jurisprudence*. Les titres y sont distribués par ordre alphabétique, Amiral de France, Amirauté, Chancelleries du Royaume, Commis aux entrées des Villes, Commis-Ecrivains à la peau, Contrôleurs, Courtiers de la marchandise de volaille, gibier, &c. Contrôleurs & Visiteurs des suifs, Contrôleurs de deniers patrimoniaux, des Greffes & Péages, des Tailles, des Actes des Notaires, Eaux & Forêts, Echevins, Elections du Royaume, Election de Bourg-en-Bresse, Elus Contrôleurs des Tailles dans les Elections du Royaume, Finances, Garde-Scels, Grands-Maîtres des Eaux & Forêts, Greffes des Cours & Jurisdictions du Royaume, Greffes du Parlement de Pau, de l'Amirauté de Guyenne, du pays d'Artois, de Béarn, Bigorre & Navarre. de Beziers, de tous les Greffes de la Flandre, Greffes de la Justice Consulaire de Montauban, de la Province de Normandie, des Greffes en général ; Huissiers, Inspecteurs des Boucheries & des Boissons, Inspecteurs-

Conſervateurs Généraux des Domaines, Juges-Gardes-Conſervateurs des étalons, des poids & meſures, Juriſdiction Eccléſiaſtique, Juriſprudence, Juſtice, Lieutenans-Criminels; Commiſſaires-Vérificateurs des Tailles, Milice bourgeoiſe, Préſidens, Préſidiaux, Receveurs-Généraux des Finances, particuliers & autres; Receveurs des Octrois, des Elections, des Domaines, Bois & Traites, Secrétaires du Roi, Maiſon & Couronne de France, Tabellionnages, Tiers référendaires, Tréſoriers de France, Tréſoriers Généraux de l'extraordinaire des Guerres, Tréſoriers-Receveurs-Payeurs des gages, deniers communs, octrois, &c. Vérificateurs particuliers des Rôles & Voyers. Tels ſont les objets contenus daus les cinq Porte feuilles dont je viens de parler. La plûpart de ces titres ſont des Edits & Déclarations de nos Rois & des Arrêts du Conſeil d'Etat: ils ſont au nombre de *cent trente-neuf*, dont ſoixante-dix-neuf titres originaux: les autres, pour la plûpart, ſont par copies anciennes, collationnées en forme probante.

DOMAINE, *Province par Province.*

Cette partie eſt diſtribuée en onze boëtes: elle contient les titres les plus précieux & les Mémoires les plus intéreſſans pour la connoiſſance parfaite du Domaine & pour prouver les droits de la Couronne: elle renferme des titres pour le Domaine en Artois & dans les Provinces d'Auvergne, Béarn, Bourgogne, Bretagne, Champagne, Guyenne, Languedoc, Normandie, dans l'Orléannois, la Picardie & la Provence. L'on trouve en tête à chaque Province les objets généraux du Domaine concernant la Province dont il s'agit, & d'après les objets généraux les titres sont par ordre alphabétique des noms des Terres sous enveloppes, avec leurs extraits à chaque enveloppe: l'on a d'ailleurs un inventaire manuscrit de cette partie, Province par Province: elle contient *six cens quatre-vingt-deux titres*, dont *deux cens quarante-neuf en originaux*; la plûpart des autres par copies anciennes, collationnées ou *vidimées* en forme probante, & les autres étant des Etats généraux & des Mémoires très-instructifs pour la connoissance du Domaine.

Je dois observer que dans les différentes parties, soit des Fiefs, soit du Clergé, soit du Domaine, soit de mon Supplément pour ces objets, il se trouve dans ces différentes Sections, des titres d'une même Terre ou d'un même Fief ou du même Domaine. L'on ne doit pas en conclure que j'en fais double emploi: j'ai eu des interruptions dans mon travail; j'ai fait Supplément sur Supplément: il ne m'est plus possible de changer l'ordre que j'ai observé à cause des inventaires que j'ai fait de ces différentes parties.

Supplément pour les Fiefs, le Domaine, le Clergé, les Professions, Arts & Métiers.

Ce Recueil, distribué en dix Porte-feuilles, contient trois cens quatre-vingt-deux titres, dont trois cens huit originaux, & les autres tant par copies anciennes en forme probante, que par copies sans signature.

Supplément de titres pour la Généalogie.

Un Recueil en quatorze Porte-feuilles, qui contient onze cens quatorze titres, dont neuf cens quatre-vingt-dix-neuf originaux, & les autres tant par copies anciennes collationnées, que par copies sans signature.

Titres pour la Généalogie, tant par copies collationnées que par copies sous signature : Mémoires imprimés & manuscrits : Généalogies manuscrites & imprimées, au nombre de plus de six cens, la plûpart manuscrites : Jugemens manuscrits sans signature, de maintenue de noblesse, & contre les usurpateurs de noblesse, au nombre de cinquante-sept titres de toutes les sortes pour la Généalogie, Contrats de mariages, Testamens, Partages, Transactions, Arrêts, Sentences, &c.

Cette partie, distribuée en cent vingt-deux Porte-feuilles, est composée de quatorze mille neuf cens cinquante-neuf titres, de la nature que l'on vient de dire.

Ordonnances & Lettres-Patentes de nos Rois, & autres titres pour le Domaine, l'Histoire, les Droits de la Couronne, & pour la manutention dans le gouvernement de l'Etat.

Cette partie, en dix-sept Porte-feuilles, contient *quatre cens trente & un titres*, dont 322 originaux, 33 titres par copies anciennes ou *vidimées*, ou collationnées en forme probante, & 63 titres, tant imprimés que sans signature. Ces titres sont de choix.

L'on trouve dans ce Recueil des Chartres de nos Rois & autres Souverains, des Edits & Déclarations aussi de nos Rois sur toutes sortes de matieres, des Bulles anciennes de la Cour de Rome; des Montres militaires, des Traités de Paix, des Instructions pour les Ambassades, des Lettres de Souverains à Souverains, des Lettres de nos Rois en originaux à leurs Ministres dans les Cours étrangeres, des Lettres de ces Ministres à nos Rois, des Arrêts curieux & autres titres très-intéressans.

Les plus anciens titres originaux sont des années 875, 1125, 1138, 1163 & 1192. L'on en trouve d'autres par *vidimé* anciens des années 1047, 1093, 1125, 1163. Il y en a d'autres de ce tems-là par copies collationnées en forme probante, & quelques-uns aussi de ce tems-là par copies sans signature. Les anciens Regnes sont abondans en titres précieux. L'on a le Catalogue manuscrit de ce précieux Recueil regne par regne.

L'on placera le Privilege à la fin du dernier Tome de ce Dictionnaire.

www.ingramcontent.com/pod-product-compliance
Lightning Source LLC
Chambersburg PA
CBHW072231270326
41930CB00010B/2085